高等职业教育新形态一体化教材
高职高专跨境电子商务专业（方向）系列教材

跨境电子商务法律法规
（第2版）

主　编　郑红花
副主编　吴奇帆　钱奕儒
主　审　钟国强

电子工业出版社
Publishing House of Electronics Industry
北京·BEIJING

内 容 简 介

本书结合跨境电子商务法律法规的内容构成，以比较完善的体系对跨境电子商务法律法规的各个模块进行介绍和分析；使跨境电子商务专业或者跨境电子商务方向的学生可以了解跨境电子商务平台运营相关的法律法规知识，规避知识产权风险，提高风险防范意识，妥善解决法律纠纷。

全书共由九章组成：第一章是跨境电子商务法律法规概述，第二章是跨境电子商务平台规则介绍，第三章是跨境电子商务合同法律制度，第四章是跨境电子商务支付及风险防范法律制度，第五章是跨境电子商务知识产权保护法律制度，第六章是跨境电子商务物流法律制度，第七章是跨境电子商务税收法律制度，第八章是跨境电子商务海关监管和检验检疫法律制度，第九章是跨境电子商务风险防范与争议解决法律制度。

本书可以作为跨境电子商务专业或者国际贸易专业的跨境电子商务方向学生的教材，也可以作为对跨境电子商务法律法规感兴趣的读者的参考读物。

未经许可，不得以任何方式复制或抄袭本书之部分或全部内容。
版权所有，侵权必究。

图书在版编目（CIP）数据

跨境电子商务法律法规 / 郑红花主编. —2 版. —北京：电子工业出版社，2023.1
ISBN 978-7-121-44882-9

Ⅰ. ①跨… Ⅱ. ①郑… Ⅲ. ①电子商务—法规—中国 Ⅳ. ①D922.294

中国国家版本馆 CIP 数据核字（2023）第 007834 号

责任编辑：魏建波
文字编辑：杜 皎
印　　刷：三河市良远印务有限公司
装　　订：三河市良远印务有限公司
出版发行：电子工业出版社
　　　　　北京市海淀区万寿路 173 信箱　邮编：100036
开　　本：787×1 092　1/16　印张：12.25　字数：313.6 千字
版　　次：2017 年 7 月第 1 版
　　　　　2023 年 1 月第 2 版
印　　次：2025 年 6 月第 5 次印刷
定　　价：42.00 元

凡所购买电子工业出版社图书有缺损问题，请向购买书店调换。若书店售缺，请与本社发行部联系，联系及邮购电话：（010）88254888，88258888。
质量投诉请发邮件至 zlts@phei.com.cn，盗版侵权举报请发邮件至 dbqq@phei.com.cn。
本书咨询联系方式：（010）88254609，hzh@phei.com.cn。

前　言

跨境电子商务是一种新型的贸易方式和业态，具有广阔的市场空间和良好的发展前景。跨境电子商务有利于打造我国新的经济增长点。围绕跨境电子商务产业将诞生新的庞大经济链，带动国内产业转型升级，也将催生新的经济增长点。跨境电子商务是在世界市场范围内配置资源的重要载体。

跨境电子商务目前正处在政策红利释放期。一是中央政府高度重视，将跨境电子商务视为带动产业升级、打造经济新增长点的重要抓手。二是各项支持政策密集出台，营造支持跨境电子商务发展的良好环境。三是跨境电子商务试点在全国范围内不断拓展，正在积累可复制和推广的成熟经验。

跨境电子商务是新时期下应运而生的时代产物，具有减少中间环节、降低信息成本、便捷支付等优势，有利于促进交易效率的显著提高。跨境电子商务融合了跨境和电子商务两个核心要素，通过电子商务平台实现分属不同关境交易主体的商业活动。

跨境电子商务目前发展得如火如荼，但市场上缺少与跨境电子商务平台规则、法律法规有关的教材。在跨境电子商务法律法规领域，市场上的教材是空白的。在此背景下，作者团队在学校的大力支持下，通过跨境电子商务系列教材立项的方式，负责《跨境电子商务法律法规》教材的编写工作。经过认真准备，通过收集相关资料、分析研究案例和企业交流，编写了这本校企合作的教材。

本书以比较完善的体系对跨境电子商务法律法规的各个模块进行了介绍和分析，使跨境电子商务专业或者跨境电子商务方向的学生可以了解与跨境电子商务平台运营相关的法律法规知识，以规避各种风险，提高风险防范意识。

全书共由九章组成：第一章是跨境电子商务法律法规概述，第二章是跨境电子商务平台规则介绍，第三章是跨境电子商务合同法律制度，第四章是跨境电子商务支付及风险防范法律制度，第五章是跨境电子商务知识产权保护法律制度，第六章是跨境电子商务物流法律制度，第七章是跨境电子商务税收法律制度，第八章是跨境电子商务海关监管和检验检疫法律制度，第九章是跨境电子商务风险防范与争议解决法律制度。

　　本书由郑红花担任主编，郑红花负责第一章、第二章、第三章、第八章和第九章的编写工作；由吴奇帆、钱奕儒担任副主编，吴奇帆负责第四章和第五章的编写工作，钱奕儒负责第六章和第七章的编写工作。钟国强担任本书的主审。

　　本书可以作为跨境电子商务专业或者国际贸易专业跨境电子商务方向学生的教材，也可以作为对跨境电子商务法律法规感兴趣的读者的参考读物。

　　由于编者水平有限，编写时间仓促，可供借鉴的资料较少，书中难免有疏漏和不妥之处，殷切希望广大读者批评指正，以便修订时改进，在此表示谢意。

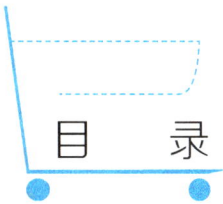

目 录

第一章 跨境电子商务法律法规概述 /001

案例导入 /002

第一节 跨境电子商务概况 /003
　　一、跨境电子商务的概念和特征 /003
　　二、跨境电子商务的作用和模式 /007
　　三、我国跨境电子商务的基本概况 /007
　　四、我国跨境电子商务及支付业务管理体系构建建议 /010

第二节 跨境电子商务立法概述 /012
　　一、跨境电子商务发展现状 /012
　　二、国际组织电子商务立法现状 /015
　　三、世界上主要国家电子商务的立法概况 /020

拓展阅读 /023

思考与练习 /025

第二章 跨境电子商务平台规则介绍 /027

案例导入 /028

第一节 主流跨境电子商务平台的基本概况 /028
　　一、速卖通 /028

二、亚马逊 /030
第二节　跨境电子商务平台注册和商品发布规则 /037
　　一、平台注册规则 /037
　　二、商品发布规则 /039
　　三、搜索排序规则 /042
　　四、速卖通"货不对版"规则 /045
　　五、其他规则 /046
第三节　跨境电子商务平台交易和放款规则 /046
　　一、交易规则 /046
　　二、放款规则 /047
第四节　跨境电子商务平台评价和纠纷处理规则 /048
　　一、评价规则 /048
　　二、纠纷处理规则 /050
拓展阅读 /051
思考与练习 /053

第三章　跨境电子商务合同法律制度 /055

案例导入 /056
第一节　电子合同概述 /056
　　一、电子合同的概念和特征 /057
　　二、电子合同的订立与成立 /058
　　三、分类 /060
第二节　跨境电子商务电子合同成立和认证 /061
　　一、电子合同的成立 /061
　　二、电子签名和电子认证 /062
第三节　跨境电子商务电子合同的履行与违约责任 /064
　　一、电子合同的履行 /064
　　二、电子合同的违约责任 /067
拓展阅读 /073
思考与练习 /074
案例分析 /074

目 录

第四章 跨境电子商务支付及风险防范法律制度 /075

案例导入 /076

第一节 跨境电子商务支付概述 /076
  一、跨境电子商务支付的概念 /078
  二、市场政策分析 /078
  三、跨境电子商务支付现状 /081

第二节 跨境电子商务支付工具 /084
  一、跨境电子支付结算方式分类 /085
  二、线上跨境支付方式 /086
  三、线下跨境支付方式 /089

第三节 跨境电子商务支付法律风险及防范对策 /091
  一、跨境电子商务支付风险 /091
  二、跨境电子商务支付风险防范对策 /093

拓展阅读 /096

思考与练习 /099

案例分析 /100

第五章 跨境电子商务知识产权保护法律制度 /101

案例导入 /102

第一节 跨境电子商务的知识产权保护现状 /103
  一、跨境电子商务的知识产权保护情况 /103
  二、跨境电子商务侵权的特点及表现形式 /104
  三、跨境电子商务知识产权侵权防范措施 /109

第二节 跨境电子商务知识产权保护的相关法律制度 /110
  一、跨境电子商务知识产权保护面临的问题 /110
  二、跨境电子商务知识产权立法建议 /112

第三节 跨境电子商务主要平台知识产权保护规则 /114
  一、阿里巴巴国际站知识产权保护规则 /114
  二、速卖通知识产权保护规则 /116
  三、亚马逊知识产权保护规则 /119
  四、Wish 知识产权保护规则 /121

拓展阅读 /122
思考与练习 /124

第六章 跨境电子商务物流法律制度 /125

案例导入 /126
第一节 跨境电子商务物流概况 /126
 一、跨境电子商务物流的概念和特征 /126
 二、跨境电子商务物流的发展现状 /128
 三、跨境电子商务国际物流与传统物流的差异 /128
第二节 跨境电子商务物流的基本类型 /130
 一、中国邮政包裹模式 /130
 二、国际商业快递模式 /131
 三、专线物流模式 /132
 四、海外仓模式 /132
 五、国际物流网规认识 /133
第三节 跨境电子商务物流的风险防范法律制度 /134
 一、跨境电子商务物流的风险 /134
 二、跨境电子商务物流风险的防范措施 /136
拓展阅读 /137
思考与练习 /139
案例分析 /139

第七章 跨境电子商务税收法律制度 /141

案例导入 /142
第一节 跨境电子商务税收制度概况 /142
 一、国外电子商务税收征管现状 /142
 二、对我国电子商务税收征管的建议 /144
 三、各国间立法的相互比较及其对我国的启示 /144
第二节 我国跨境电子商务税收征管法律制度及完善 /144
 一、我国跨境电子商务税收立法的现状 /145
 二、我国跨境电子商务税收立法的完善 /146
拓展阅读 /151

思考与练习　/153

案例分析　/154

第八章　跨境电子商务海关监管和检验检疫法律制度　/155

案例导入　/156

第一节　跨境电子商务海关监管　/157

　　一、跨境电子商务海关监管基本现状　/157

　　二、跨境电子商务海关监管存在的问题　/159

　　三、优化跨境电子商务海关监管　/161

第二节　跨境电子商务检验检疫法律制度　/164

　　一、跨境电子商务检验检疫概述　/164

　　二、清单分类管理　/165

　　三、备案管理　/165

　　四、申报放行、检疫与质量安全风险监测　/166

　　五、监督管理　/167

拓展阅读　/168

思考与练习　/170

第九章　跨境电子商务风险防范与争议解决法律制度　/171

案例导入　/172

知识拓展　/172

第一节　跨境电子商务风险及防范对策　/174

　　一、跨境电子商务常见的法律风险　/175

　　二、跨境电子商务法律风险防范对策　/176

第二节　跨境电子商务的争议解决法律制度　/177

　　一、跨境电子商务争议的特性　/177

　　二、传统争议解决方式面临的困境　/178

　　三、跨境电子商务争议解决的理想模式　/179

拓展阅读　/183

思考与练习　/185

参考文献　/186

第一章

跨境电子商务法律法规概述

本章概要

本章从跨境电子商务概念讲起，介绍了跨境电子商务及其涉及的相关法律问题，阐述了跨境电子商务法律法规的含义，包括跨境电子商务的概念、特征、作用和模式，探讨了跨境电子商务法律法规与其他法律法规的关系，较为详细地阐述了跨境电子商务的立法概况，侧重对联合国和欧盟等国际组织的电子商务立法情况的介绍。

学习目标

1. 了解跨境电子商务的概念及特点，熟悉跨境电子商务涉及的相关立法问题。
2. 了解跨境电子商务法律法规与其他法律法规的关系。
3. 掌握跨境电子商务的概念、特征、作用和模式。
4. 熟悉联合国和欧盟等国际组织相关电子商务的立法概况。

重点和难点

▶重点：掌握跨境电子商务的概念、特征、作用和模式。
▶难点：联合国和欧盟等国际组织对于电子商务的立法概况。

案例导入

面向消费者的传统电子商务可用 M2C、B2C、C2C、特卖等模式简单概括，跨境电子商务模式与之类似，大致也可分为这几类。

采用 M2C 模式的跨境电子商务平台吸引海外商家（包括品牌和零售商）入驻，跟天猫类似，天猫国际是这种模式的代表。采用 B2C 模式的跨境电子商务平台则负责直采或保税区自营，将商品先行采购到海外仓和保税区，再将其售卖给用户，代表商家是网易考拉。采用 C2C 模式的跨境电子商务平台则是买手模式，可以说是"共享经济"，人人都可做代购，洋码头是买手模式的开拓者。特卖模式的代表则是唯品国际，其本质也属于 B2C（自营或供应商压货），只是多了特卖的限时或团购的特性。还有一类跨境电子商务平台是从导购类前端平台转型到售中环节的，如小红书的福利社。比较特别的是惠惠购物助手，采取海外代购模式，帮助用户在亚马逊（Amazon）等商家下单，负责支付和物流。需要注意的是，有一些跨境电子商务平台，可能不同模式均有所涉及，如京东全球购有自营 B2C 和 M2C 两种模式。

跨境电子商务本质并没有发生变化，可谓万变不离其宗，却因多了"跨境"二字，与传统电子商务有着完全不同的地方。具体来说，主要体现在以下几个方面。

（1）物流。国内电子商务过去十多年一直在努力解决物流仓储这一关键问题，这彻底改变了中国物流行业，跨境电子商务又将此事重新折腾一遍，且难度更大。

（2）政策。主要是多了海关这个全新的变量，进而影响成本、物流速度、退换货服务等。

（3）商家。国际品牌在中国市场本土化上需要有更多的考量，比如，要考虑中国代理商的感受；海外零售集团需要考虑中国实体零售公司的利益；国内商家需要考虑平衡线上与线下渠道。

（4）信息。海外商品介绍、说明书等信息需要汉语化，品牌营销需要汉语化，售前咨询和售后服务需要汉语化。文字不通、文化不同，是跨境电子商务面临的新的挑战。

（5）营收。传统电子商务主要有两种营收模式：以阿里为代表的广告模式，以及互联网金融等衍生业务；以京东为代表的自营 B2C 模式，主要依靠赚取差价实现营收。还有一些平台采取佣金模式。这些营收模式在跨境电子商务上都遇到了挑战。

以上这些不同，使跨境电子商务成为一块难啃的骨头，大家都在不断地摸索。用国内电子商务的成熟经验去权衡跨境电子商务不同模式的利弊，是行不通的。这也是许多跨境电子商务平台失败的另一个深层次原因。商业巨头们现在都按照惯性去选择商业模式，如天猫国际依然选择 M2C 模式，京东全球购依然选择"自营+平台"模式，唯品国际依然选择特卖模式。对于创业者来说，选择哪种模式更有机会脱颖而出呢？

第一节 跨境电子商务概况

一、跨境电子商务的概念和特征

（一）跨境电子商务的概念

跨境电子商务是指分属不同关境的交易主体，通过电子商务平台达成交易、进行支付结算，并通过跨境物流送达商品、完成交易的一种国际商业活动。

（二）跨境电子商务的特征

跨境电子商务是基于互联网发展起来的。互联网空间相对于物理空间来说，是一个新空间，是一个由网址和密码组成的虚拟但客观存在的世界。互联网空间独特的价值标准和行为模式深刻地影响着跨境电子商务，使其不同于传统的交易方式，呈现出自己的特点。

跨境电子商务具有如下特征（基于网络空间的分析）：

1. 全球性

互联网是一个没有边界的媒介体，具有全球性和非中心化的特征。依附互联网发生的跨境电子商务也因此具有了全球性和非中心化的特性。与传统的交易方式相比，跨境电子商务有一个重要特点，它是一种无边界交易，丧失了传统交易具有的地理因素。互联网用户不需要考虑国界，可以把产品（尤其是高附加值产品）和服务提供给市场。网络的全球性特征带来的积极影响是信息最大限度地共享，消极影响是用户必须面临因文化、政治和法律的不同而产生的风险。任何人只要具备一定的技术手段，在任何时候、任何地方都可以让信息进入网络，彼此相互联系，进行交易。美国财政部在财政报告中指出，对基于全球化的网络建立起来的跨境电子商务活动进行课税是困难重重的，原因如下：跨境电子商务是基于虚拟的计算机空间展开的，丧失了传统交易方式下的地理因素；跨境电子商务中的制造商容易隐匿住所，而消费者对制造商的住所是漠不关心的。比如，一家很小的爱尔兰跨境电子商务公司，通过一个可供世界各地消费者点击观看的网页，就可以通过互联网销售其产品和服务。很难界定这一交易究竟是在哪个国家发生的。

这种远程交易的发展，给税收当局制造了许多困难。税收权力只能严格地在一国范围内实施，互联网的特性为税务机关对超越国界的在线交易行使税收管辖权带来了困难。而且，互联网有时扮演了代理中介的角色。在传统交易模式下，一个有形的销售网点是必需的。例如，通过书店将书卖给读者，而在线书店可以代替书店这个销售网点，直接完成整个交易。问题是，税务当局往往要依靠这些销售网点获取税收所需的基本信息，代扣代缴所得税等。没有这些销售网点的存在，税收权力的行使也会发生困难。

2. 无形性

互联网的发展使数字化产品和服务的传输盛行。而数字化传输是通过不同类型的媒介（例如，数据、声音和图像）在全球化网络环境中集中进行的，这些媒介在互联网中是以计算机数据代码的形式出现的，因而是无形的。以一个电子邮件信息的传输为例，这一信息首先要被服务器分解为数以百万计的数据包，然后按照TCP/IP协议通过不同的网络路径传输到一个目的地服务器并被重新组织转发给接收人，整个过程都是在互联网中瞬间完成的。电子商务是数字化传输活动的一种特殊形式，其无形的特性使税务机关很难控制和检查销售商的交易活动。税务机关面对的交易记录都体现为数据代码的形式，税务核查员无法准确地计算销售所得和利润所得，从而给税收带来困难。

数字化产品和服务基于数字传输活动，其必然具有无形性。传统交易以实物交易为主，而在电子商务中，无形产品却可以替代实物成为交易的对象。以书籍为例，传统的纸质书籍，其排版、印刷、销售和购买被看作产品的生产和销售活动。然而，在电子商务中，消费者只要购买网上的数据权便可以使用书中的知识和信息。如何界定该交易的性质、如何监督、如何征税等一系列问题给税务和法律部门带来了新的挑战。

3. 匿名性

由于跨境电子商务的非中心化和全球性的特性，因此很难识别电子商务用户的身份和其所处的地理位置。在线交易的消费者往往不显示自己的真实身份和地理位置。重要的是，这丝毫不影响交易的进行，互联网的匿名性也允许消费者这样做。在虚拟社会里，隐匿身份的便利导致自由与责任的不对称。人们在这里可以享受最大的自由，却承担最小的责任，甚至逃避责任。这显然给税务机关制造了麻烦，税务机关无法查明应当纳税的在线交易人的身份和地理位置，也就无法获知纳税人的交易情况和应纳税额，也无法审计核实。这部分交易和纳税人在税务机关的视野中隐身了，这对税务机关是致命的。以 eBay 为例，eBay 是美国的一家网上拍卖公司，允许个人和商家拍卖任何物品。截止到 2021 年年底，eBay 已经拥有大约 1.82 亿个用户、13 亿个商品详情页面，商品详情页面交易总额达到 220 亿美元。

4. 即时性

对互联网而言，传输的速度和地理距离无关。传统交易模式，信息交流方式如信函、电报、传真等，在信息的发送与接收之间存在长短不同的时间差。而电子商务中的信息交流，无论实际时空距离远近，一方发送信息与另一方接收信息几乎是同时的，就如同人们在生活中面对面交谈。某些数字化产品（如音像制品、软件等）的交易，还可以即时清结，订货、付款、交货都可以在瞬间完成。

电子商务交易的即时性提高了人们交往和交易的效率，免去了传统交易中的中介环节，但也隐藏着法律危机。其在税收领域的表现为：电子商务交易的即时性往往导致交易活动的随意性，电子商务主体的交易活动可能随时开始、随时终止、随时变动，这就使税务机关难以掌握交易双方的具体交易情况，不仅使税收扣缴的控管手段失灵，而且在客观上促成了纳税人遵守税法的随意性。税收现代化征管技术的严重滞后，使依法治税变得苍白无力。

5. 无纸化

电子商务主要采取无纸化操作的方式，这是以电子商务形式进行交易的主要特征。在电子商务中,计算机的通信记录取代了一系列的纸面交易文件。用户发送或接收电子信息,电子信息以"比特"的形式存在和传送,整个信息发送和接收过程实现了无纸化。无纸化带来的积极影响是使信息传递摆脱了纸张的限制,但由于许多传统的法律规范是以规范"有纸交易"为出发点的,因此,无纸化带来了一定程度上的法律的混乱。

跨境电子商务以数字合同、数字时间代替传统贸易中的书面合同、结算票据,削弱了税务当局获取跨国纳税人经营状况和财务信息的能力,而跨境电子商务采用的其他保密措施也将增加税务机关掌握纳税人财务信息的难度。在某些交易无据可查的情形下,跨国纳税人的申报额将会大大降低,应纳税所得额和所征税款都将少于实际数量,从而引起征税国国际税收的流失。例如,世界各国普遍开征的传统税种之一的印花税,其课税对象是交易各方提供的书面凭证,课税环节为各种法律合同、凭证的书立或做成,而在网络交易无纸化的情况下,物质形态的合同、凭证形式已不复存在,因而印花税的合同、凭证贴花(完成印花税的缴纳行为)便失去基础了。

6. 快速演进

互联网是一个新生事物,现阶段尚处在幼年时期,互联网设施和相应的软件协议的未来发展具有很大的不确定性。税法制定者必须考虑的问题是,互联网像其他的新生儿一样,必将以前所未有的速度和无法预知的方式不断演进。基于互联网的电子商务活动也处在瞬息万变的过程中。在短短的几十年中,电子交易经历了从电子数据交换(EDI)到电子商务(零售业)兴起的过程。而数字化产品和服务更是推陈出新,不断地改变着人类的生活。

在一般情况下,各国为维护社会稳定,都会注意保持法律的持续性与稳定性,税收法律也不例外。这就会引起互联网的超速发展与税收法律规范相对滞后的矛盾。如何将每分每秒都处在发展与变化中的网络交易纳入税法的规范,是税收领域的一个难题。互联网的发展不断给税务机关带来新的挑战,税务政策的制定者和税法立法机关应当密切注意互联网的发展,在制定税务政策和税法规范时充分考虑这一因素。

跨境电子商务具有不同于传统贸易方式的诸多特点,传统的税法制度是在传统的贸易方式下产生的,必然在跨境电子商务中漏洞百出。互联网深刻地影响着人类社会,也给税收法律规范带来了前所未有的冲击与挑战。

二、跨境电子商务的作用和模式

（一）跨境电子商务的作用

作为推动经济一体化、贸易全球化的技术基础，跨境电子商务具有非常重要的战略意义。跨境电子商务不仅冲破了国家间的国界障碍，使国际贸易走向无国界贸易，同时引起了世界贸易的巨大变革。对企业来说，跨境电子商务构建的开放、多维、立体的多边经贸合作模式，极大地拓宽了进入国际市场的途径，大大促进了多边资源的优化配置与企业间的互利共赢。对于消费者来说，跨境电子商务使其非常容易获取其他国家的商品信息，并买到物美价廉的商品。

（二）跨境电子商务的模式

我国跨境电子商务主要分为B2B（企业对企业）和B2C（企业对消费者）两种贸易模式。在B2B模式下，企业应用电子商务以线上广告和信息发布为主，成交和通关流程基本在线下完成，本质上仍属传统贸易，被纳入海关一般贸易统计。在B2C模式下，我国企业直接面对国外消费者，以销售个人消费品为主，物流主要采用航空小包、邮寄、快递等方式，其报关主体是邮政或快递公司，目前大多数未纳入海关登记。跨境电子商务分为出口跨境电子商务和进口跨境电子商务。

三、我国跨境电子商务的基本概况

（一）我国跨境电子商务及支付交易现状

1. 跨境电子商务起步晚、增速快

2011年，在全球经济增长放缓的背景下，我国跨境电子商务小额出口业务的总体规模超过100亿美元，仅占2011年全国出口总额的0.5%，但同比增速超过100%。2011年，全国电子商务用户增至2.03亿户，若以2009年跨境电子商务用户占全国电子商家总数13%来计算，则2011年跨境电子商务用户达2 639万户。从

电子商务发展速度上分析，国内跨境电子商务用户实际增长额远高于上述测算额。

2. 跨境电子商务及支付将成为企业新的盈利点

凯捷咨询公司、苏格兰皇家银行和欧洲金融市场协会联合发布的《2020年全球支付报告》显示，跨境电子商务交易额保持快速增长，2020年达到37.2万亿元，比2015年增长70.8%；网上零售额达到11.8万亿元，年均增速高达21.7%。网络购物成为居民消费的重要渠道，实物商品网上零售额对社会消费品零售总额增长贡献率持续提升，带动相关市场加快发展。快递业务量从2015年的206.7亿件增至2020年的833.6亿件，非银行支付网络支付交易金额从2015年的49.5万亿元增至2020年的294.6万亿元，均稳居全球首位。面对激烈的细分市场竞争和海外电子商务平台的进入，跨境市场无疑是电子商务及支付的下一个争夺点。

3. 跨境电子支付结算方式多种多样

跨境电子支付业务发生的外汇资金流动，必然涉及资金结售汇与收付汇。从目前支付业务发展的情况看，我国跨境电子支付结算的方式主要有跨境支付购汇方式（含第三方购汇支付、境外电子商务平台接受人民币支付、通过国内银行购汇汇出等）、跨境收入结汇方式（含第三方收结汇、通过国内银行汇款，以结汇或个人名义拆分结汇流入、通过地下钱庄实现资金跨境收结汇等）。

（二）我国跨境电子商务与支付业务管理缺陷

虽然跨境电子商务及支付业务的迅猛发展给企业带来了巨大的利润空间，但如果管理不当，也可能给企业带来巨大的风险。当前我国跨境电子商务与支付业务的管理缺陷主要体现在以下方面。

1. 政策缺陷

（1）跨境电子商务交易归属管理问题。

从跨境电子商务交易形式上分析，纯粹的跨境电子商务交易在很大程度上属于服务贸易范畴，国际普遍认可将其归入服务贸易总协定（GATS），按服务贸易进行管理。对于只是通过跨境电子商务方式完成定购、签约等，要通过传统的运输方式运送至购买人所在地，则将其归入货物贸易范畴，属于关税及贸易总协定（GATT）

的管理范畴。此外，对于特殊的电子商务种类，既非明显的服务贸易也非明显的货物贸易，如通过电子商务手段提供电子类产品（如文化、软件、娱乐产品等），国际上对此类电子商务交易归属服务贸易或货物贸易仍存在较大的分歧。因为我国尚未出台《服务贸易外汇管理办法》及跨境电子商务外汇管理法规，所以对跨境电子商务涉及的外汇交易归属管理范畴难以把握。

（2）交易主体市场准入问题。

跨境电子商务及支付业务能够突破时空限制，将商务辐射到世界的每个角落，使经济金融信息和资金链日益集中在数据平台。一旦交易主体缺乏足够的资金实力或出现违规经营、信用危机、系统故障、信息泄露等问题，便会给客户的外汇资金带来风险。因此，对跨境电子商务及支付业务参与主体进行市场准入规范管理极其重要与迫切。

（3）支付机构外汇管理与监管职责问题。

首先，支付机构在跨境外汇收支管理中承担了部分外汇政策执行及管理职责，其与外汇指定银行类似，是外汇管理政策的执行者与监督者；其次，支付机构主要为跨境电子商务交易主体提供货币资金支付清算服务，属于支付清算组织的一种，不同于金融机构。如何对此类非金融机构提供的跨境外汇收支服务进行管理与职能定位，急需国家外汇管理局在法规中加以明确，在制度上规范操作。

2. 操作瓶颈

（1）交易真实性难以审核。

电子商务的虚拟性，直接导致外汇监管部门对跨境电子商务交易的真实性、支付资金的合法性难以审核，为境内外异常资金通过跨境电子商务办理收支提供了途径。

（2）国际收支申报存在困难。

一方面，通过支付机构，境内外交易主体的银行账户并不直接发生跨境资金流动，且支付机构完成实质交易资金清算通常需要 7~10 天，因此由交易主体办理对外收付款申报的规定较难实施。另一方面，不同的交易方式对国际收支申报主体也会产生一定的影响。例如，代理购汇支付方式的实际购汇人为交易主体，应由交易主体进行国际收支申报，但如前所述，较难实施；线下统一购汇支付方式的实际购汇人为支付机构，可以以支付机构为主体进行国际收支申报，但此种申报方式难以体现每笔交易资金的实质，增加外汇监管难度。

（3）外汇备付金账户管理缺失。

随着跨境电子商务的发展，外汇备付金管理问题日益凸显，而国内当前对外汇备付金的管理仍未有明确的规定。例如，外汇备付金是归属经常项目范畴还是资本项目范畴（按贸易信贷管理），外汇备付金账户开立、收支范围、收支数据报送，同一机构本币、外币备付金是否可以轧差结算等。这些尚无统一管理标准，使外汇备付金游离于外汇监管体系外。

四、我国跨境电子商务及支付业务管理体系构建建议

（一）管理政策层面

1. 明确跨境电子商务的业务范围和开放顺序

结合我国外汇管理体制现状，建议我国跨境电子商务及电子支付遵循先经常性项目、后资本性项目，先货物贸易、后服务贸易、再虚拟贸易，先出口、后进口的顺序逐步推进。提供跨境电子支付服务的支付机构应遵循先开放境内机构、后慎重开放境外机构的管理原则，限制货物贸易和服务贸易跨境外汇收支范围，暂时禁止经常转移项目和资本项目外汇通过电子支付渠道跨境流动，做好对支付机构的监督管理工作。

2. 建立跨境电子商务主体资格登记及支付机构结售汇市场准入制度

一方面，建立跨境电子商务主体资格登记制度。对从事跨境电子商务的境内主体（除个人外）要求其必须在国家外汇管理局办理相关信息登记后，方可进行跨境电子商务。另一方面，对支付机构的外汇业务经营资格、业务范围、外汇业务监督等方面参照外汇指定银行办理结售汇业务市场准入标准，建立跨境电子支付业务准入机制，对具备一定条件的支付机构，给予结售汇市场准入资格。国家外汇管理局可在一定范围内赋予支付机构部分代位监管职能，并建立银行与支付机构责任共担机制，形成多方监管、互为监督的监管格局。

3. 适时出台跨境电子商务及电子支付外汇管理办法

将跨境电子外汇业务纳入监管体系，在中国人民银行《非金融机构支付服务管理办法》的基础上，适时出台跨境电子商务及电子支付外汇管理办法，对跨境电子

商务主体资格、真实性审核职责、外汇资金交易性质、外汇数据管理、外汇收支统计等方面做出统一明确的管理规定。

(二)业务操作层面

1. 将跨境电子商务及支付主体纳入外汇主体监管范畴

结合当前国家外汇管理局监管理念由行为监管向主体监管的转变,建议将跨境电子商务及电子支付交易主体纳入外汇主体监管范畴,充分利用现有主体监管结果,实行分类管理。一是跨境电子商务中境内交易主体为法人机构时,国家外汇管理局应依据已公布的机构考核分类结果,有区别地开放跨境电子商务范畴。支付机构在为跨境电子商务客户办理跨境收支业务时,应先查询机构所属类别,再提供相应跨境电子支付服务。二是境内交易主体为个人时,除执行个人年度购结汇限额管理规定外,支付机构还要健全客户认证机制,属于"关注名单"内的个人应拒绝办理跨境电子收支业务。三是将支付机构纳入外汇主体监管范畴,进行考核,分类管理。

2. 有效统计与监测跨境电子商务外汇收支数据

建议要求开办电子商务贸易的境内机构无论是否通过第三方支付机构,均需开立经常项目外汇账户办理跨境外汇收支业务,对办理跨境电子商务的人民币、外汇收支数据需标注特殊标识,便于对跨境电子商务收支数据开展统计与监测。同时,在个人结售汇系统未向支付机构提供接口的情况下,同意支付机构采取先购结汇再补录结售汇信息的模式。国家外汇管理局要加强对跨境电子商务外汇收支数据的统计、监测、管理,定期进行现场检查,以达到现场与非现场检查相结合的管理目标,增强监管力度。

3. 明确规范国际收支统计申报主体和申报方式

一是境内交易主体为法人机构时,国际收支统计申报主体应规定为法人机构,申报时间为发生跨境资金收付日,申报方式为法人机构主动到外汇指定银行进行国际收支申报;二是境内交易主体为个人时,建议申报主体为支付机构,由需要当日办理的个人通过指定支付机构的外汇备付金专户存取外汇备付金。国家外汇管理局要规范外汇备付金专户外汇收支范围,将专户发生的外汇收支数据纳入外汇账户非现场监管体系进行监测。建议将外汇备付金按资本项下进行管理,收取外汇备付金的支付机构需定时向国家外汇管理局报送备付金收支情况，并将其纳入外汇指定银行外债指标范围。

第二节　跨境电子商务立法概述

一、跨境电子商务发展现状

（一）行业发展现状

我国跨境电子商务行业当前体现出三个特征：跨境电子商务规模持续扩大，在我国进出口贸易中所占比例越来越高；跨境电子商务以出口业务为主，出口跨境电子商务有望延续快速发展态势；跨境电子商务以 B2B 业务为主，B2C 跨境模式逐渐兴起，且有扩大的趋势。同时，国家政策对跨境电子商务的扶持力度大幅提高，体现出其作为发展催化剂的重要作用，这为跨境电子商务未来的发展提供了必要的内生性动力。

1. 跨境电子商务规模持续扩大，占进出口贸易额比例不断提高

2020 年全球电子商务渠道零售额为 42 800 亿美元，预计未来增速将保持较高水平，2020—2024 年年均复合增长率有望达到 10%；电子商务零售额占全球零售总额的比例呈现持续增长的态势，2020 年占比提升至 18%，预计 2024 年将达到 21.8%。其中，欧美地区的电子商务零售额及占比也呈现持续上升趋势。

自 2020 年以来，在全球新冠肺炎疫情暴发且持续蔓延的大背景下，消费者大规模转向线上消费，海外零售线上化趋势加速。数据显示，2019—2020 年，欧美及亚太地区主要国家的电子商务整体零售额经历了 15% 以上的高速增长。纵观海外市场，以美国、英国、德国、西班牙及法国为代表的成熟市场，经历数十年的发展，已经形成良好的电子商务生态，我国跨境出口商家在海外的市场空间广阔。2016—2024 年全球电子商务渠道零售额统计及预测如图 1-1 所示，其中 2021—2024 年为估算金额。

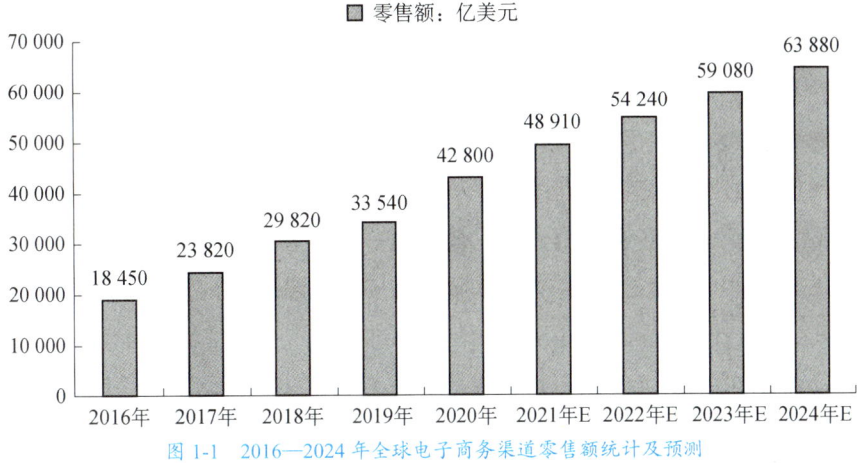

图 1-1 2016—2024 年全球电子商务渠道零售额统计及预测

2. 从进出口结构来看，出口跨境电子商务有望延续快速发展态势

中国海关统计数据显示，2021 年我国跨境电子商务进出口 1.98 万亿元，增长 15%；其中出口 1.44 万亿元，增长 24.5%。

第三方跨境平台凭借低门槛、广覆盖的特点，近年来迅速壮大，其中阿里速卖通已成为全球最大的跨境交易平台，而 eBay、亚马逊也在借助自身平台优势将国内产品销售给海外消费者。随着物流配套的持续升级，尤其是海外仓模式的兴起，跨境出口电子商务在品类与区域扩张上正在加快，而整个电子支付体系的进一步打通也将有助于跨境购物的便利化与安全化，将使跨境电子支付业务迎来实质性的发展。2019—2020 年我国跨境电子商务进出口结构如图 1-2 所示。

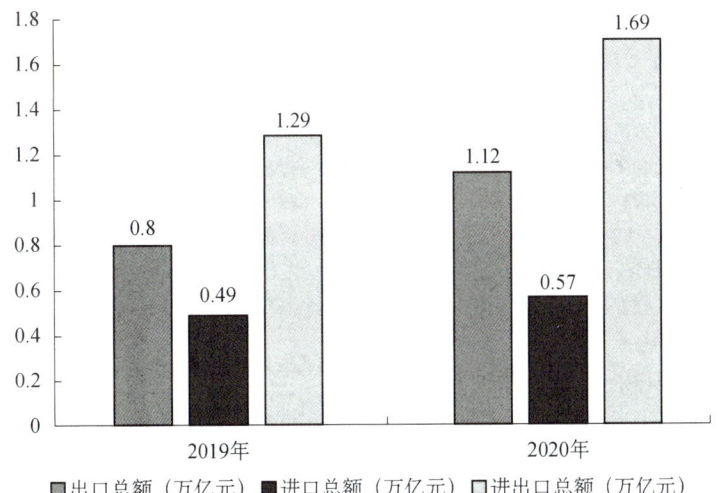

图 1-2 2019—2020 年我国跨境电子商务进出口结构

3. 从业务模式来看，跨境电子商务以 B2B 模式为主，B2C 跨境模式发展迅猛

跨境电子商务按照运营模式可分为跨境 B2B 和跨境零售（B2C、C2C）两种。其中，外贸 B2B 在跨境电子商务中居于主导地位，以阿里巴巴与环球资源为代表的 B2B 模式以信息与广告发布为主，凭借收取会员费和营销推广费盈利。这是因为外贸 B2B 单笔交易金额较大，大多数订单需要多次磋商才能达成协议，而且长期稳定的订单较多，商家一般在线上进行贸易信息的发布与搜索，最终在线下完成交易。

结合 2019 年跨境电子商务出口中 B2B、B2C 的比例及 2020 年的跨境电子商务出口规模情况，测算 2020 年跨境电子商务 B2C 模式的市场规模约为 2.8 万亿元左右（B2C 进口、出口分别为 0.7 万亿元和 2.1 万亿元），B2B 模式的市场规模约为 9.7 万亿元左右（B2B 进口、出口分别为 2.1 万亿元和 7.6 万亿元）。出口 B2C 增速更快，新冠肺炎疫情使我国跨境电子商务实现加速增长。随着跨境电子商务出口 B2B、B2C 的崛起（B2C 增速更高），我国跨境电子商务行业总体保持着较高的增速。2019—2022 年我国跨境电子商务业务结构如图 1-3 所示。

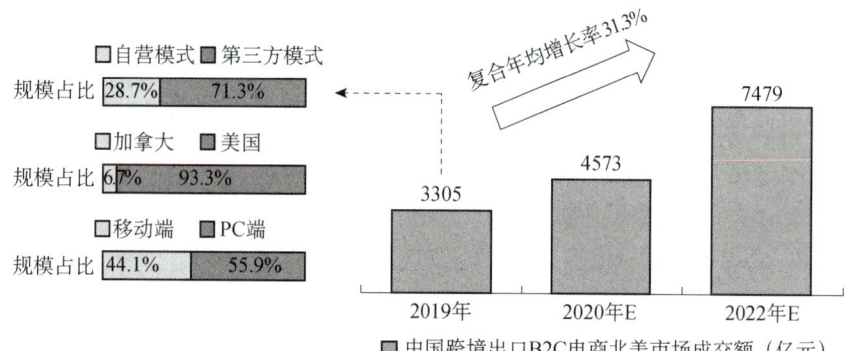

成交规模口径：1. 不包含信息服务平台促成的成交额；2. 包含自营平台与第三方开放平台，但不包括中国商家销售给国外自营平台的成交额；3. 包含退货退款的成交额；4. 包含 COD 及直营电子商务企业的成交额；5. 不包含差旅和活动门票、费用账单、缴税或汇款业务、餐饮场所的销售及赌博。报告所列规模历史数据和预测数据均取整数位（特殊情况：差值小于 1 时精确至小数点后一位，已包含四舍五入的情况；对增长率的计算均基于精确的数值。

（来源：艾瑞咨询研究院）

图 1-3　2019—2022 年我国跨境电子商务业务结构

（二）行业未来发展趋势

1. 跨境电子商务将在进出口贸易中占据更加重要的地位

在经济全球化趋势下，伴随着世界经济的发展，国际人均购买力不断增强。同

时，网络普及率和物流水平提高，网络支付环境也得到了很大的改善。这些因素都将有力地促进跨境贸易，特别是跨境电子商务的发展。

2. 跨境电子商务进口业务比重将提升

2019—2020 年全球主要地区零售电子商务用户增长 4%左右，2020 年电子商务用户渗透率达到 70%~80%。同时，海外消费者的消费习惯发生了一定的改变，12%的受访者首次开始在线上购物，55%的消费者拓宽了在线上购买商品的种类，而约 27%的消费者延续了之前购买的商品种类，维持或增加了线上消费金额。2020 年美国跨境电子商务市场规模加速增长，说明新冠肺炎疫情促使海外线上零售的部分红利流向了跨境电子商务。跨境电子商务出口业务结构将会有一个明显的改变。

3. 多批次、小批量的外贸订单需求将不断提升

一直以来，由于 B2B 业务单笔交易金额大、长期稳定的订单多，我国外贸 B2B 业务在跨境电子商务中居于主导地位。但自金融危机以来，国外企业受制于市场需求乏力和资金限制等问题，B2B 业务的比重下降。与此同时，个人的购买力相对持续稳定，而网络和物流的发展也为 B2C 业务创造了条件。因此，多批次、小批量的外贸订单需求将进一步提高，并成为促进跨境电子商务发展的重要动力。

二、国际组织电子商务立法现状

（一）联合国国际贸易法委员会有关电子商务的立法

1. 《电子商务示范法》

联合国从 20 世纪 80 年代开始研究和探索有关电子商务的法律问题。1982 年，联合国国际贸易法委员会第十五次会议提出了计算机自动数据处理在国际贸易流通中引起的法律问题，并将其优先列入工作计划。此后，联合国国际贸易法委员会对电子商务的立法工作开始了全面的研究，在 1996 年 6 月提出了《电子商务示范法》蓝本，并于 1996 年 12 月在联合国大会通过。

联合国国际贸易法委员会制定的《电子商务示范法》由两部分构成，一是电子商务法律的总原则，二是电子商务的特定领域。总原则部分是《电子商务示范法》的核心，共分为三章十五条。第一章为一般条款，内容包括适用范围、定义、解释、

经由协议的改动四个条款；第二章为数据电文适用的法律要求，内容包括对数据电文的法律承认、书面形式、签字、原件、数据电文的可接受性和证据力，以及数据电文的留存六个条款；第三章为数据电文的传递，内容包括合同的订立和有效性、当事各方对数据电文的承认、数据电文的归属、确认收讫、发出和收到数据电文的时间与地点五个条款。第二部分是电子商务的特定领域，这部分有一章两个条款，仅对涉及货物运输中使用的电子商务活动做出了规定。

2. 其他电子商务立法

联合国国际贸易法委员会从 1982 年开始编写《电子资金划拨法律指南》，提出以电子手段划拨资金而引发的法律问题，并讨论了解决这些问题的方法。该指南在 1986 年获得联合国大会批准，1997 年正式公布。1985 年，联合国国际贸易法委员会第十八次会议通过了《计算机记录的法律价值报告》，建议各国政府确定以计算机记录作为诉讼证据的法律规则，并为法院提供评价这些记录可靠性的适当方法。

1993 年 10 月，联合国国际贸易法委员会电子交换工作组第二十六次会议审议了《电子数据交换及贸易数据通信有关手段法律方面的统一规则草案》。

1999 年 6 月，联合国国际贸易法委员会电子交换工作组第三十五次会议提出《电子签字统一规则》草案版本，并于 2000 年 9 月的第三十七次会议获得通过。该规则提出，除建立在公钥加密技术之上的强化电子签字外，还有其他各种各样的设备，使"电子签字"的概念变得更加广泛，这些正在或将要被使用的签字技术，都具有手写签字的某个功能。

2001 年 3 月，联合国国际贸易法委员会电子交换工作组第三十八次会议通过的《电子签字示范法》，重新对电子签字下定义："电子签字是指在数据电文中，以电子形式所含、所附或在逻辑上与数据电文有联系的数据，它可用于鉴别与数据电文有关的签字人或表明签字人认可数据电文所含信息。"

（二）经济合作与发展组织有关电子商务的立法

经济合作与发展组织（OECD）在电子商务的立法方面也做了大量工作，1980 年提出《保护个人隐私和跨国界个人数据流指导原则》，1985 年发表《跨国界数据流宣言》，1992 年制定《信息系统安全指导方针》，1997 年发表《电子商务：税务政策框架条件》《电子商务：政府的机遇与挑战》等报告。1998 年 10 月，经济合作与发展组织在加拿大渥太华召开了题为"一个无国界的世界：发挥全球电子商务的潜力"的电子商务部长级会议，公布了《全球电子商务行动计划》《有关国际组织和地区组织的报告：电子商务的活动和计划》《工商界全球行动计划》，并通过了《在全球网络上保护个人隐私宣言》《关于在电子商务条件下保护消费者的宣言》《关于电子商务身份认证的宣言》《电子商务：税收政策框架条件》等报告。

1999年12月，经济合作与发展组织制定了《电子商务消费者保护准则》，提出了保护消费者的三大原则和七个目标。保护消费者的三大原则是：确保消费者网上购物受到的保护不低于日常其他购物方式；排除消费者网上购物的不确定性；在不妨碍电子商务发展的前提下，建立和发展网上消费者保护机制。保护消费者的七个目标是：广告宣传、市场经营和交易信守公平、诚实信用原则；保障消费者网上交易的知情权；网上交易应有必要的认证；网上经营者应使消费者知晓付款的安全保障；应有对纠纷行之有效的解决和救济的途径与方法；保护消费者的隐私；向消费者普及并宣传电子商务和保护消费者的法律知识。

2000年12月，经济合作与发展组织公布了一项关于电子商务经营场所所在地的适用解释，规定将来通过网上进行的电子商务，由该公司经营实际所在地的政府进行征税。2003年6月，通过了《保护消费者防止跨境欺诈和欺骗性商业活动指南》，指出：为了防止那些从事诈骗活动和商业欺诈活动的人侵害广大消费者，经济合作与发展组织成员国应该联合起来共同提出快速而有效的办法来收集与共享信息。这些成员国应该在现有方案的基础上，通过网络工具和数据库来收集与共享信息，其中包括消费者投诉和一些悬而未决的调查和案件中的通知信息等。

（三）世界贸易组织有关电子商务的立法

1995年开始生效的世界贸易组织《服务贸易总协定》，为所有的金融服务贸易提供了一个基本法律框架。

1996年12月，世界贸易组织在新加坡举行的第一次部长会议签署了《关于信息技术产品贸易的部长宣言》，1997年3月开始生效，电子商务首次被纳入多边贸易体制。

1998年5月，132个世界贸易组织成员的部长们达成一致，签署了《全球电子商务宣言》。1998年9月，世界贸易组织理事会通过了《电子商务工作计划》，其涵盖服务贸易、货物贸易、知识产权保护、强化发展中国家（包括其中小企业）的参与等问题。

（四）欧盟有关电子商务的立法

欧盟始终将规范电子商务活动作为发展电子商务的一项重要工作，为此制定了一系列有关电子商务发展的法律制度。

1997年4月，欧盟委员会提出了著名的《欧洲电子商务行动方案》，为欧洲的电子商务立法确定了立法宗旨和立法原则，明确指出了欧洲究竟能够在多大程度上受益于电子商务，取决于是否具备满足企业和消费者需要的法律环境。《欧洲电子商务行动方案》将欧洲电子商务的立法确立为两个目标。

一是建立起消费者和企业对电子商务的信任和信心，即通过立法工作建立合法、安全和规范的电子商务环境。电子商务中的身份、信用程度和确认、数据信息与安全、个人隐私的保护、合同的履行、支付的可靠性，以及签名和认证等制度为立法重点。

二是保证电子商务充分进入单一市场，即在欧盟成员国范围内建立一个以欧洲统一市场为基础的电子商务管理框架，以保证电子商务的发展能够最大限度地利用市场的良好环境和市场潜力，避免成员国各自为政，法出多国，保证欧盟范围内电子商务法律制度的统一性。

1. 互联网法律制度

欧盟委员会在《关于内部市场中与电子商务有关的若干法律总指令建议案》中对欧盟范围内网络服务的法律制度做了以下几个方面的规定。

（1）目的与适用范围。

该指令的目的是保证内部市场的良好运行，重点在于保障信息服务得以在成员国之间自由流通。该指令致力于在一些领域使各成员国关于信息服务的国内立法趋于统一。这些领域包括内部市场制度、服务供应商的设立、商业信息传播、电子合同、服务中间商的责任、行业行为准则、争议的诉讼解决、司法管辖和成员国间的合作。

（2）无须预先批准原则。

各成员国须在国内立法中规定，从事信息营业活动无须预先得到批准，亦不受其他任何来自有关当局的决定、办法或认可的限制。但是，服务供应商有义务向消费者和有关管理当局提供证明其身份的信息资料。

（3）商业信息传播。

各成员国必须在其国内立法中规定商业信息传播应符合以下条件：商业信息传播应易于识别，从事商业信息传播的自然人或法人应易于识别，各种促销优惠措施，包括折扣奖励及赠予等都应易于识别，且参与活动的条件和规则应易于达到且须详细无误地予以说明。

（4）电子合同。

各成员国须调整国内立法，以使电子合同合法化，各成员国应特别保证其关于合同缔结的法律制度，不妨碍电子合同的实际应用，也不得因合同是通过电子方式缔结的事实而剥夺其生效权利和法律效力。

2. 电子签名的法律制度

欧盟议会和理事会共同制定和颁布了《关于欧盟范围内建立有关电子签名共同法律框架的指令》，为欧盟范围内电子签名的法律制度协调一致提供了保障。该指令的立法目的有两个：一是在欧盟范围内建立一个有利于电子签名推广运用的统一的法律环境，二是建立一个完整的关于电子签名的法律认证体系，以便于电子签名的效力得到法律上的认证。该指令的立法重点是规范电子签名的认证服务，制定了关于认证和认证服务的共同标准，以保证电子签名及其认证得以在欧盟范围内被成员国互相承认。

3. 消费者权益保护制度

欧盟在《关于远程合同订立过程中对消费者保护的指令》中，为保护消费者网上交易的合法权益规定了多项措施，明确规定在远程合同订立前，货物或服务供应商有义务向消费者提供供应商身份、货物或服务的特点、价格、送货费用、付款及送货方式、消费者撤销订购的权利、报价的有效期、合同的期限等情况，并通过书面或其他持久的载体向消费者确认，消费者至少可以在7个工作日内有权退货或撤销合同。

4. 著作权保护的法律问题

欧盟委员会在《关于信息社会著作权及邻接权的指令草案》中，对欧盟成员国范围内统一协调著作权及邻接权保护的法律规范做出了相应的规定，以适应电子商务条件下与知识产权有关的产品及服务的发展需要。草案规定，作品的作者、表演者、音像节目和电影的制作者、广播电台、电视台对作品享有专属的复制权，著作权人享有的对公众传播权并不随着传播或提供作品的行为完成而丧失。此外，该草案对于某些出于纯粹技术需要而进行的不存在任何经济意图的复制行为做出了例外规定，以避免对网络发展造成限制和危害，既顾及了网络服务商和接入商的利益，又对著作权人的合法权益给予保障。

三、世界上主要国家电子商务的立法概况

（一）美国的电子商务立法

为促进和保障电子商务的全面发展，美国的许多州制定了电子商务法。1997年9月15日颁布的《全球电子商务纲要》更是美国电子商务发展的一个里程碑。《全球电子商务纲要》分为一般原则和问题处理建议两大部分。

1. 一般原则

美国对未来在互联网上进行的商业贸易，提出了五项基本原则。

（1）私营企业应起主导作用。

互联网的快速发展，将依靠私营企业带动，政府应尽可能鼓励私营企业自行建立交易规则，政府采取少干预、少限制的原则。

（2）政府应当避免不恰当的限制。

政府应当避免不恰当的限制阻碍电子商务的发展。在电子商务中，当双方自愿、合法地买卖产品和服务时，政府管理机构应当尽量减少干涉，尽量避免对网上发生的商业活动给予不必要的限制，影响双方的交易活动，阻碍电子商务的发展。

（3）政府参与建立和谐的商业法治环境。

政府有必要干预时，其目的应是支持与加强一个可预测、简明和一致的电子商务实施环境。政府机构在必要时介入电子商务的市场管理，但这种管理应当主要着眼于建设一个和谐的商业法治环境，保护消费者，保护知识产权，确保市场充分竞争，以及制定解决纠纷的措施。

（4）政府必须认清互联网的特征。

互联网是在无人主管、跨国界自由蔓延的条件下繁荣发展起来的，其规则与标

准是自下而上发展的。在互联网领域,许多传统法律法规无法适用,需要对其加以调整,以使互联网顺利运行。

(5)法律法规应有利于电子商务发展。

电子商务方面的法律法规的制定,应当有利于促进互联网上电子商务的健康发展。

2. 问题处理建议

(1)海关和税务。

由于互联网具有国际性,互联网应被宣告为免税区,凡是在网上进行的商品交易,如软件、咨询服务等,以电子方式提交的,如果对其课以关税是毫无意义的,也是难以做到的,应当对其一律免税。此外,美国还向世界贸易组织和其他国际贸易组织建议,对电子商务适用现有的税制,而不是开征新的税种。电子商务的税务应当遵循国际税务的基本原则,避免不一致的国家税务司法权和双重征税。

(2)电子支付系统。

信息技术的飞速发展使网上的电子支付变成现实,许多交易已经开始通过网络进行支付,电子银行、电子钱包、智能卡等已经步入社会生活。但是,目前电子支付系统的开发仍处于初级阶段,尚未定型,此时不宜制定法规约束,以免妨碍其进步与发展。

(3)电子商务法规。

联合国国际贸易法委员会为确立电子商务中国际合同的商业作用,制定了一部示范法,确认了电子形式的合同规则和模式,规定了电子合同履行的标准,对电子文件、电子签名的有效性做出解释。美国政府支持所有国家采用示范法作为制定国际电子商务法规的依据,支持联合国国际贸易法委员会及其他国际团体进一步努力制定出示范性的法律条款。

(4)保护知识产权。

网上的电子商务经常涉及知识产权授权问题,为促进电子商务的发展和建立一个有效的商务环境,销售者必须知道,他们的知识产权不会受到侵犯,购买者必须知道,他们购买的商品是经过认证的产品,而不是仿冒产品。为达到这一目的,国际间建立有效的保护知识产权的国际协定,对于防止仿冒和欺诈行为是非常必要的,各国应尽快立法遏制产品仿冒行为和对知识产权的侵犯。

（5）保护个人隐私权。

信息在网上的发布与交流，有利于电子商务的发展，但在信息的交流与发布中，保护个人隐私是一个十分重要的问题。

个人隐私原则分为两个方面：一方面，数据收集者应当通知消费者，他们在收集什么信息及打算如何使用这些信息，数据收集者应当向消费者提供限制使用和再利用个人信息的有效手段。数据收集者披露信息的目的是鼓励人们用市场方式来消除对个人隐私的担心。另一方面，根据个人隐私原则，消费者在由于不当使用或者披露个人信息，或者由于提供不准确、过时的或者无关的个人信息而受到伤害的，有权要求赔偿。

美国政府认为，应当采取双重个人隐私战略。美国将依据个人隐私原则框架，同主要贸易伙伴一起探讨如何支持基于市场的保护个人隐私的对策。

（6）信息安全。

对于互联网安全的担心是电子商务发展的重要问题。人们对于网络安全的脆弱性十分担心，只有互联网成为一种安全可靠的商业媒体，只有确保互联网可靠性的安全措施到位，商家和消费者才能感到放心。

电子签名与认证制度是目前确保网上安全的重要手段，密码学是计算机安全的重要工具，美国政府通过制定相关政策促进开发和利用有效的加密产品，既可对存储数据加密，又可对电子通信加密。美国政府及相关机构在未来数年内，将同欧盟及国际合作组织一起，制定安全和加密的共同政策，为电子商务活动提供一个可预测的、安全的环境。

（二）澳大利亚的电子商务立法

1998年，澳大利亚颁布了《私权保护法》，确立了信息私权保护原则。1998年3月，澳大利亚电子商务专家小组公布了名为《电子商务：法律框架的构造》的报告。1999年，澳大利亚通过了《电子签名法》。1999年12月，澳大利亚颁布了《电子交易法》，提出电子媒体的中立性原则和技术的中立性原则。

（三）韩国的电子商务立法

韩国的《电子商务基本法》于1999年7月正式生效，共分为总则、电子通信信息、电子商务安全、电子商务的促进、消费者保护及附则六章，内容较为全面。

《电子商务基本法》总体与该法的第一条规定的目的是一致的,旨在促进电子商务的发展。

该法不仅对电子商务、电子通信信息、发送人、接收人、数字签名、电子商店认证机构等基本概念做出定义,也对通信信息的有效性和电子商务的安全问题做出了规定,而且对消费者的保护以专门章节做了规定。该法兼具欧洲国家与美国在电子商务立法方面的优点,既有美国着重于技术问题的特点,又有欧洲国家着重于保护消费者的特点,博采众长,值得称道。在电子技术日趋完善的情况下,技术问题的解决与消费者的保护两者相辅相成。

拓展阅读

跨境电子商务四个阶段的发展历程

跨境电子商务发展到现在这个较为稳定成熟的时期,经历了四个阶段。这四个阶段都造就了大量的优秀企业和行业能手,这正是跨境电子商务领域被源源不断的生力军挤入的原因。

跨境电子商务发展的第一阶段

谷歌刚刚进入中国时,其基本算法和搜索方法相对较差,有一群人从中看到了无限的商机。于是,他们自己搭建网站。这群人刚开始来自工厂群体,他们将自己生产的商品放在自己的网站上,用不太成熟的英语描述。关于网站的搜索引擎优化,他们基本上没有丰富的运营思路和推广思路。然后,他们招聘年轻的懂英语的员工,每天向国外的企业发海量的产品介绍和推广邮件。又有一些人,利用网络搜索和优化的基本知识,通过谷歌将自己经营的独立网站表现出来,也达到了不错的效果。

综合来看,这样的跨境电子商务雏形应该就是所谓的 B2B 开端。由此,大浪淘沙后,催生了一个现在家喻户晓的互联网跨境巨无霸企业——阿里巴巴。

跨境电子商务发展的第二阶段

新世纪初,很多投身这个行业的人慢慢发现,通过谷歌推广自建站越来越难。有些人发现,如果海量搭建自建站,把价值高的产品投放在海量的自建站上,稍微运用基本的搜索引擎优化知识，也可以有非常不错的收益。于是，这些人慢慢琢磨什么样的产品价值高、成本低，答案当然是仿品。他们把仿造的鞋子、包、手表、太阳镜等通过自建站，海量地铺向互联网。由此，催生了一些富人。这些富人拥有得天独厚的产品，且对大牌产品的模仿颇有经验，做得最好的就是当时的"福建莆田系"。

跨境电子商务发展的第三阶段

慢慢地，随着国外大牌企业的维权行为，以及谷歌的打压，从事这个行业的人已经难以暴富，甚至无法长期生存。同时，享受赚快钱的快感后，鲜有人升级换代，进行创新，也鲜有人像马云那样从战略角度看待互联网长期发展的方向。

除获取资本后转型的人之外，有些人发现国外，尤其是美国，有很多电子商务平台可以销售仿品，并且可以讨价还价。这个平台就是iOffer。iOffer是竞价销售模式的开创者。于是，iOffer上面出现无数仿品的身影，由此造就了很多年轻的富人。

至此，跨境电子商务B2C的形态已经显现。从iOffer上面尝到甜头的年轻人并不止步于此，他们不断挖掘其他的平台，比如eBay、Etsy、Newegg、亚马逊等。与此同时，国内具有独到眼光的企业家也从中嗅到了发展的先机，渐渐在国内建立起跨境电子商务平台。

跨境电子商务发展的第四阶段

后来，这一行业的年轻人，他们经营的产品不限于仿品，随着行业规则的收紧和完善，他们逐渐拒绝仿品，转而经营其他国货，如电子产品、服饰、美容化妆品等。2013年，有一个依靠大数据，利用推送算法，通过手机和PC端销售的平台出现了，这就是Wish。此时，跨境电子商务的行业竞争变得如火如荼。这里的竞争，不仅有商家与商家的竞争，也有平台之间的相互竞争，这是跨境电子商务发展的第四阶段。

跨境电子商务发展的第四阶段，必然会造就一大批高素质的创业者和从业者，这些人会渐渐成为电子商务精神和电子商务文化的引领者。

资料来源：跨境电子商务钦雨论坛

思考与练习

1. 阐述跨境电子商务 B2B 和 B2C 贸易模式的区别?
2. 跨境电子商务涉及的法律问题有哪些?
3. 简述跨境电子商务的特点。
4. 简述跨境电子商务模式。
5. 简述国际组织的电子商务立法概况。

第二章

跨境电子商务平台规则介绍

本章概要

本章主要介绍目前跨境电子商务主流平台及交易的主要规则，包括平台特点、用户注册、商品发布、商品交易、平台放款、消费者评价和售后的相关规则。本章以速卖通平台为切入点介绍相关规则，对每个部分都有较为详尽的介绍。

学习目标

1. 了解速卖通平台及亚马逊平台的基本概况。
2. 了解跨境电子商务用户注册和商品发布的相关规则。
3. 掌握商品交易和平台放款的规则与流程。
4. 明确如何引导消费者给予好评和售后的相关纠纷的处理。

重点和难点

▶重点：掌握平台如何注册、商品发布、处理订单。

▶难点：如何引导消费者给予好评并妥善处理售后纠纷。

案例导入

1. 不正当竞争中的不当使用他人权利

商家 1 的店铺名为 A，经营假发，商标名"nala hair"正在申请中，商家 2 在速卖通平台上使用商家 1 的 logo 及"nala hair"关键字，店铺名字和商品图片拍摄角度均和店铺 A 相同。

商家 2 不正当地使用了他人的权利，并且不配合整改，违反平台规则，最终店铺被关闭。

2. 违背承诺

（1）消费者下单商品单价为 2.5 美元，付款成功后，商家在留言中要求消费者购物金额满 10 美元以上才发货。

（2）消费者下单时，默认运输方式是使用 DHL（敦豪）快递公司，但商家为节省运费，选择小包发货。

（3）消费者下单时显示免运费，发货前商家给消费者留言称运费设置错误，需要消费者补上运费才能发货。

（4）消费者收到货物后发现有问题，需要退换货，商家曾经留言同意支付退回商品的运费，但实际并未支付。

以上案例均涉及"违背承诺"。"不正当竞争"和"违背承诺"行为不限于以上情形，一旦违反规则，平台将严肃处理。

第一节 主流跨境电子商务平台的基本概况

一、速卖通

（一）速卖通的特点

全球速卖通（AliExpress，以下简称"速卖通"）正式上线于 2010 年 4 月，是阿里巴巴旗下唯一面向全球市场的在线交易平台，被广大商家称为"国际版淘宝"。速卖通面向海外消费者，通过支付宝国际账户进行担保交易，并使用国际快递发货。它是全球排名第三的英文在线购物网站，也是中国最大的跨境出口 B2C 平台之一，同时也是在俄罗斯、西班牙排名第一的电子商务网站。速卖通是阿里巴巴集团旗下电子商务业务之一，致力于服务全球中小创业者，快速连接全球超过 200 个国家和地区的消费者，为全球消费者带去一种崭新的生活方式。

（二）速卖通的主要销售类目

速卖通覆盖 3C（Computer，Communication，Consumer Electronics，计算机、通信、消费电子产品）、服装、家居、饰品等共 30 个一级行业类目。其中优势行业主要有服装服饰、手机通信、鞋包、美容健康、珠宝手表、消费电子产品、计算机、家居、汽车摩托车配件、灯具等，如图 2-1 所示。

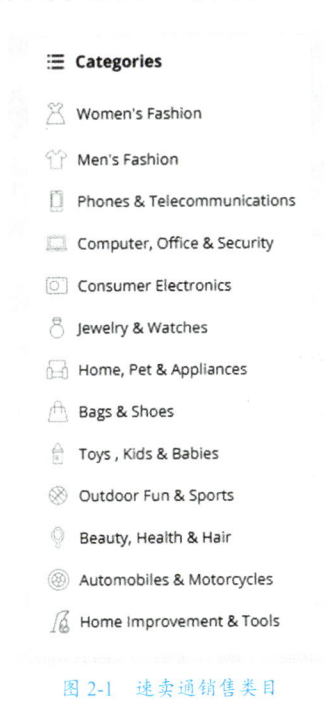

:= **Categories**
- Women's Fashion
- Men's Fashion
- Phones & Telecommunications
- Computer, Office & Security
- Consumer Electronics
- Jewelry & Watches
- Home, Pet & Appliances
- Bags & Shoes
- Toys , Kids & Babies
- Outdoor Fun & Sports
- Beauty, Health & Hair
- Automobiles & Motorcycles
- Home Improvement & Tools

图 2-1　速卖通销售类目

（三）速卖通基本操作

新手商家可能对于如何在速卖通平台上架商品感到困惑，下面简要介绍速卖通商品上架的具体流程及要求。

登录账户，进入后台，把英文模式转换成中文模式，找到"商品"子类目里的"发布商品"。

首先，进入"基本信息"页面，选择要发布的语种，输入商品标题及选择发布的类目。

其次，确定进入发布商品页面，该页面由基本信息、价格与库存、详细描述、包装与物流及其他部分组成，一步一步往下填写。

基本信息：主要有商品图片、商品视频及商品属性三部分。在添加商品图片时，要注意商品图片主图和营销图保持一致，上传视频不大于2GB，时长在30秒以内。商品属性里带有*号的都要填写，不带有*号的，尽量填写，信息越完整，转化率越高。

详细描述：平台提供新版和旧版两种编辑器，新版展示效果好，同时提供视频工具，而旧版针对老商家，方便使用。

物流：把商品的重量、长宽高输入相应的框里，最后一个板块"其他设置"主要是"库存扣减方式"，注意选"付款减库存"。为什么不选"下单减库存"呢？因为下单就已生成一个订单，库存减1，但其实用户并没有完成付款，没有走完订单流程。而设置付款减库存，一个订单付完款后才减去相应的库存。

设置好整个流程，商品发布就已完成，等待审核就可以了。关于速卖通平台的具体规则，会在下文详细阐述。

二、亚马逊

（一）亚马逊的特点

亚马逊（Amazon）是美国最大的一家网络电子商务公司，其总部位于华盛顿州的西雅图。亚马逊成立于1994年，是网络上最早开始经营电子商务的公司之一，一开始只经营网络书籍销售业务，现在则扩及范围相当广的其他商品，已成为全球商品品种最多的网上零售商。亚马逊对中国商家开放的海外站点已增至15个，遍布全球的140多个运营中心可将商品销往世界180多个国家和地区。

1. 重商品，轻店铺

亚马逊和国内电子商务企业有很大的不同。亚马逊强调商品，而非店铺或者商家。在亚马逊页面上搜索商品，不会出现店铺，是以统一的陈列标准展现商品，甚至同一种商品有不同的商家在销售。为什么这么做呢？亚马逊致力于让商家提供最好的服务和价格给消费者，从而提升客户的体验。虽然轻店铺，但实际上亚马逊是有店铺的，只是找到商家店铺的路径比较长。

2. 重商品详情，轻客服咨询

亚马逊鼓励客户自助购物。区别于国内电子商务平台，亚马逊没有及时沟通的工具。买卖双方需要沟通的话，用邮件沟通，商家在24小时之内回复客户。所以，亚马逊对于每个商品的页面非常注重，从商品的主图到描述、问答、评论等，都有严格的要求，由此增加客户的信任度，鼓励客户自主购物。

3. 大数据重商品推荐

亚马逊有一个大数据公司，使用名为A9的算法把最适合的商品推荐给有需要的消费者。它会根据消费者的历史消费行为、搜索行为、购物车行为、心愿单行为来进行分析，判断消费者需要什么商品，这一切都是基于后台数据的关联推荐、排行推荐及与点击、转化和历史浏览有关系的算法来决定的。亚马逊非常重视大数据，所以商家要充分考虑关联的流量和亚马逊建议的流量，适合亚马逊的算法，商品才能被亚马逊推荐。

4. 两套评价体系

Feedback：针对店铺和商家的评价，影响店铺的绩效，同时影响到亚马逊的推荐，是商家决定参加亚马逊各种活动和计划的先决条件，所以卖家要把Feedback的店铺绩效做好。

Review：针对商品的评价，和商家、店铺没有关系，一切与商品有关的评价会留在页面上，直接影响商品的销售。

5. 亚马逊自营与FBA

亚马逊自己也是商家，目前该平台上有49%的商品是亚马逊自营（ships from and sold by amazon）。亚马逊最大的特色就是它的仓储物流服务，如果你将商品放到亚马逊仓库，亚马逊的工作人员会负责商品的入仓、分拣、包装、配送、退换货等服务，这就是FBA（Fulfillment by Amazon）。这些服务都需要费用。亚马逊这么做就是为消费者提供良好的服务，从而保证用户体验。

6. 允许跟卖

什么是跟卖呢？跟卖就是在别人的商品页面上显示你的商品。如果你的商品和这个商品一模一样，亚马逊允许你在这个页面里面显示你的商品的价格、售卖方式和库存，这样你可以和别人同享一个页面了。用个例子来说明：在商场里面的耐克店里，你可以摆一个摊位，销售同样的耐克产品，免费共享这家耐克店的流量和客户。

（二）亚马逊的主要销售类目

目前，亚马逊的零售商品种类涵盖图书、音像制品、软件、电子产品、厨具、食品、玩具、母婴用品、化妆品、日化用品、运动用品、服装鞋帽、首饰等类目。

（三）在亚马逊开店所需资料

（1）公司营业执照彩色照片或扫描件（要高清完整，照片缺角、缺边都不行）。

（2）法人身份证彩色照片（正反面放在同一个文档里）。

（3）付款信用卡（国内双币信用卡，首选VISA；要确认开通销售国币种的支付功能，比如开通美国站，就要用能支付美元的信用卡）。

（4）收款账户（海外银行账户或通过第三方收款，如空中云汇、PingPong、World First、Payoneer等）。

（5）独立安全的网络及新注册的邮箱（没有在其他平台使用过）。

（四）亚马逊平台规则

亚马逊有一个重要的规则——以客户为中心。杰夫·贝索斯认为，以客户为中心是他成功的秘诀。让客户永远感到满意是亚马逊的核心战略。但是，为客户创造这些积极的体验不仅是亚马逊的责任，也是商家的责任。对于想在亚马逊平台销售商品的人来说，以下是一些最重要的规则。

1. 商家协议

在建立亚马逊账户时，需要签署商家协议。这是一份条款简单明了的协议，要特别注意其中的一些细节。

（1）如果你的表现不佳，亚马逊可能扣留你的资金。

（2）如果你欠了亚马逊的钱，它可以通过任何合法的方式收取。

（3）亚马逊可以施加交易限制（新手商家规范）。

（4）你可以通过联系亚马逊代表来终止协议。

（5）在终止协议前，亚马逊提前30天向你发出通知。

（6）如果你在平台上有违规活动受到警告，并且7天内没有解决问题，或者你的行为伤害了客户或平台的权益，亚马逊可以立即终止协议。

2. 一般规则

一旦成为亚马逊平台上的商家，你就必须遵守亚马逊的一系列规则。有些是一般性的规则，有些则适用于特定的销售计划（如FBA轻小商品计划、亚马逊手工制造等）。让我们看看亚马逊全球销售规则，以及如何避免违反这些规则。

（1）销售规则和商家行为准则。

许多商家经常违反行为准则而账户被暂停，但这是完全可以避免的。在开始销售之前，你需要先看看行为准则。如果你想在亚马逊平台上销售商品，这里有9条亚马逊的基本规则需要牢记。

① 每个站点仅一个账户（除品牌所有者、制造商和亚马逊项目成员外）。

② 不允许通过电子邮件将亚马逊消费者引导至其他网站浏览或付款。

③ 不允许在商品包装或店铺前端页面添加邀请或促销信息。

④ 如果亚马逊消费者直接联系你，引导其通过亚马逊买卖双方消息系统进行联系。

⑤ 不允许用佣金、赠品、优惠券或特别优惠来影响或撤销评论。

⑥ 不允许特别要求拥有积极购物体验的消费者留下好评。

⑦ 不允许对自己的商品留下好评（或者让亲人、朋友帮你刷评）。

⑧ 不允许针对竞争对手进行评论或反馈。

⑨ 不允许攻击其他商家，包括恶意篡改其商品介绍页面（listing）或破坏其商品。

（2）消费者商品评论规则。

亚马逊还有其他一些关于商品评论的规则。亚马逊对违反这些规则的商家采取零容忍政策。为了避免被暂停账户、被删除评论和商品介绍页面，引发诉讼，请记住以下几点：

① 不要使用测评机构或从社交媒体群（如Facebook群）搜集评论。

② 不要在评论者写完评论后私下向其转账（如通过 Paypal）。

③ 不要转移负面反馈，而只发送正面反馈给亚马逊。

④ 不要为了积累商品评论而创建相同商品的变体。

（3）监控你的账户健康状况。

亚马逊不断监控商家的表现。在节假日之前，商家的账户被大量冻结并不罕见。为了确保你没有违反亚马逊的规则，记得经常检查你的商家中心账户的账户健康部分。你要确保自己了解亚马逊绩效指标及其影响。以下是对第三方商家来说最重要的几个指标：

① 订单缺陷率＜1%

② 订单取消率＜2.5%

③ 发货延迟率＜4%

④ 有效追踪率＞95%

⑤ 按时交付率＞97%

⑥ 退货不满意率＜10%

3. 知识产权规则

侵犯知识产权是个大问题。如果你违反了亚马逊的基本销售规则，哪怕很轻微，都可能在没有事先接到警告的情况下被暂停销售。为了证明你的观点，你需要足够有说服力的证据。你要确保你销售的是以下几类商品：

① 仅限正品，符合亚马逊防伪规则。

② 根据亚马逊的知识产权规则，不侵犯知识产权的商品。

③ 只有在符合商标使用指南的情况下，才可以销售带有亚马逊标识的商品。

4. 商品与商品介绍页面要求

在亚马逊平台上销售商品，除了遵守上面提到的规则，时刻关注你的指标，并格外小心关于知识产权的声明，还有一些定价规则和上架的限制，你应该在开始销售商品前仔细检查一下。

（1）公平定价规则。

这是亚马逊反对哄抬物价的主要规则。它适用于商家定价损害客户信任的所有情况。公平定价规则与行为准则、参考价格规则及最低和最高价格验证规则一致。以下是亚马逊针对所有第三方商家定价的规则：

① 不要刻意抬高建议零售价，使人们误认为商品价格优惠力度大。

② 不要将商品价格提高至近期销售价格的 6 倍以上（或最高 200 美元）。

③ 在一个商品组合中销售的商品价格不得高于单个销售价格。

④ 不要提高运费（例如，国内运费高于商品本身价格）。

⑤ 不要将价格定得低于佣金来抵消运费。

⑥ 不要在订单确认后提高定价（包含运费）。

⑦ 不要因为对手竞争力差或断货而抬高价格。

⑧ 不要仅仅因为其他人在做同样的事情，就把价格定得过高。

⑨ 不要让定价软件为你决定定价策略。

⑩ 不要让定价软件不加选择地应用定价规则。

（2）ASIN（商品识别代码）创建规则。

亚马逊对商家新上架的商品数量有未公开的限制。亚马逊每周都会检查一遍，还会检查你是否创建了重复的商品介绍页面，确保你销售的不是合装包，而是合法的捆绑包，并检查你的商品变体是否准确和一致。

（3）目录和产品限制。

产品限制包括但不限于法律要求。过期、试用、某年龄段不适用或令人反感的产品只是无法在亚马逊上出售的产品的一些例子。有一些产品只能在新的条件下出售，或者只能自发货。对 Profit Bandit 这样的工具，亚马逊会在你销售产品之前提醒你对产品的限制，这样你就不会被库存积压困扰。有些产品类别是有门槛的，需要获得批准。受限制的类别包括视频、玩具、游戏（仅限节假日）等。耐克之类的品牌也有门槛。手表保修计划也是如此。

5. 禁售产品声明

除了限制产品，亚马逊也会禁止销售某类产品。例如，未经美国食品药品监督管理局（FDA）批准的产品（如膳食补充剂）不能在任何站点上市。这些产品通常带有"FDA-approved"（FDA 批准）或"healing"（治疗）等毫无根据的声明。而美国食品药品监督管理局不会为膳食补充剂或仅声称能治愈、预防或治疗某病的任何产品发放许可证。

6. 商品介绍页面规则

亚马逊快速入门指南涵盖了基本的内容。这些规则适用于消费者可以看到所有的商品介绍内容。例如，标题长度不超过 200 个字符，仅大写首字母，不应该有特殊字符或提及促销等。一般来说，禁止使用代码（如 HTML、JavaScript），但在描述中允许换行。禁止添加联系信息、网址链接、价格、条件或可用性信息，以及评论、引用、日期和其他用户评价。不允许在图像上使用水印、边框、绘图、动画和文本，图片背景应该为白色。单独出售的商品必须在各自的介绍页面上有图片。有些类别有特殊要求，需要检查特殊字段的库存模板。此外，商品应在上架过程中正确分类。

7. 商品指导方针

一些商品指导方针只涉及特定的商品。例如，软件只有完整的零售版本才能出售（例如，不是促销版或测试版）。如果教科书的书号或封面类型（如平装本）与亚马逊上列出的不匹配，就不能销售。促销样品、捆绑商品、预售书籍、过期或即将过期的商品也不允许销售。另外，被供应商或制造商视为不可出售的物品也不能在平台上销售。其中一些规则是针对特定类别的。例如，相机只能以原始包装出售，除非标题另有说明；而没有原始包装的计算机在亚马逊上仅是"Acceptable"（可接受的）。但无论何种类别，商品必须是原装的、干净的、易于使用的，不需要任何修理或服务。而且，它不应该有任何污点、腐蚀、发霉，或缺少零件。当你描述商品时，应该始终遵循以下 7 条准则。

（1）全新（new）：原始包装。

（2）翻新（renewed）：经过测试并被证实可正常使用，没有明显的损坏，使用棕色或白色的箱子装运，可能带有通用的替换配件，并有 90 天的退款保证。

（3）租用（rental）：经过测试并被证实可正常使用，无结构损伤影响使用功能，使用通用箱子装运，与所有所需配件一起发货。

（4）近似新品（like new）：没有外包装，但原始包装必须完整，且包含说明书。

（5）优品（very good）：轻微外观缺陷，包含描述中提及的原始包装或某些配件。

（6）良品（good）：识别标记、组装配件和说明书可能丢失。

（7）可接受（acceptable）：以笔记本电脑为例，在完全可以正常工作的情况下，可能比上面描述的损坏情况更严重，或者丢失鼠标、USB 线等配件。

这是商家在亚马逊平台销售商品之前需要知道的一切。为什么要费心去阅读亚马逊的销售规则呢？这很简单，因为消费者并不总是会阅读商品描述、亚马逊规则或店铺信息，而他们的期望很高。为了保护自己免受无根据的索赔，让业务持久并使客户满意，你需要遵守这些规则。

第二节　跨境电子商务平台注册和商品发布规则

本节以速卖通为例，介绍跨境电子商务平台注册和商品发布规则。

一、平台注册规则

在速卖通注册开店的过程非常简单，只需要一个本人使用的电子邮箱及一个经过实名认证的中国支付账户。为了确保交易安全，普通会员需要进行身份认证，只有通过该认证，发布的商品才能在前台展示。如果商家是通过支付宝账户快速注册的，就无须进行身份认证；如果商家是通过邮箱进行的普通注册，就需要按照以下步骤进行认证，填写相关信息。

首先，登录"我的速卖通"，点击"账户设置"—"个人认证"，进入普通会员个人信息认证页面。

其次，选择个人认证方式。速卖通支持三种认证方式，如图 2-2 所示。下面介绍两种主要的认证方式——通过支付宝账户认证和通过银行卡账户认证。

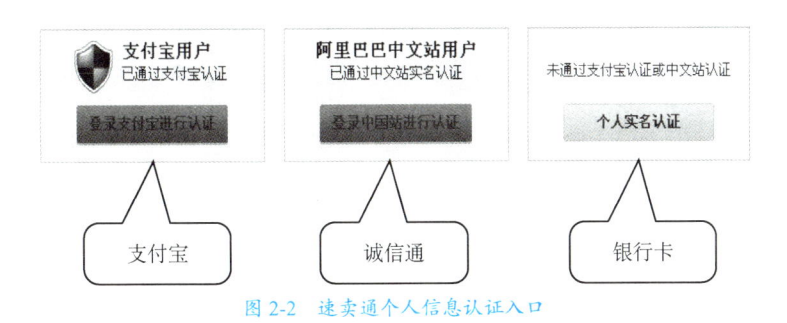

图 2-2　速卖通个人信息认证入口

（一）通过支付宝账户认证

如果你拥有一个支付宝账户，并且该账户已经通过支付宝实名认证，你就可以选择用该账户进行实名认证。点击"登录支付宝进行认证",页面会跳转到支付宝登录页面,如图 2-3 所示。

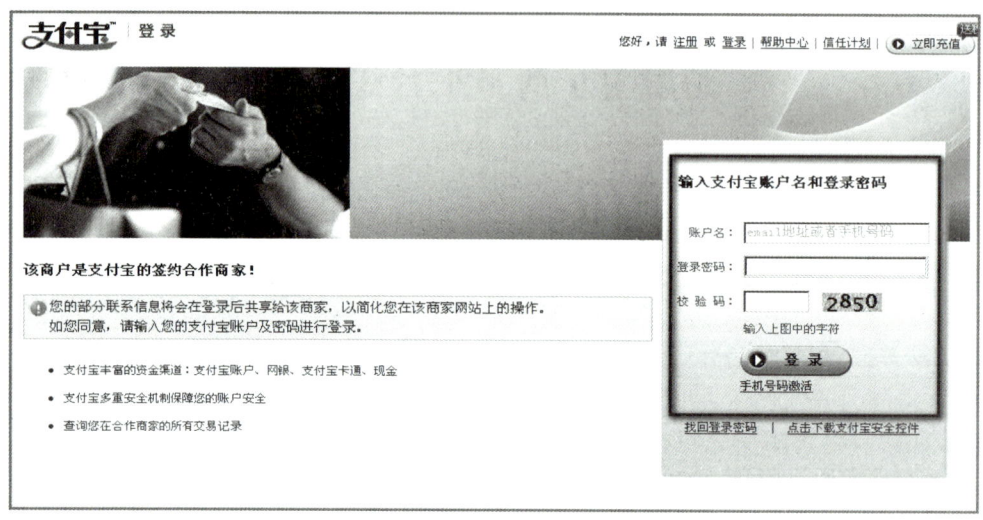

图 2-3　支付宝登录界面

登录支付宝,点击"提交认证",即可完成个人身份认证,如图 2-4 所示。

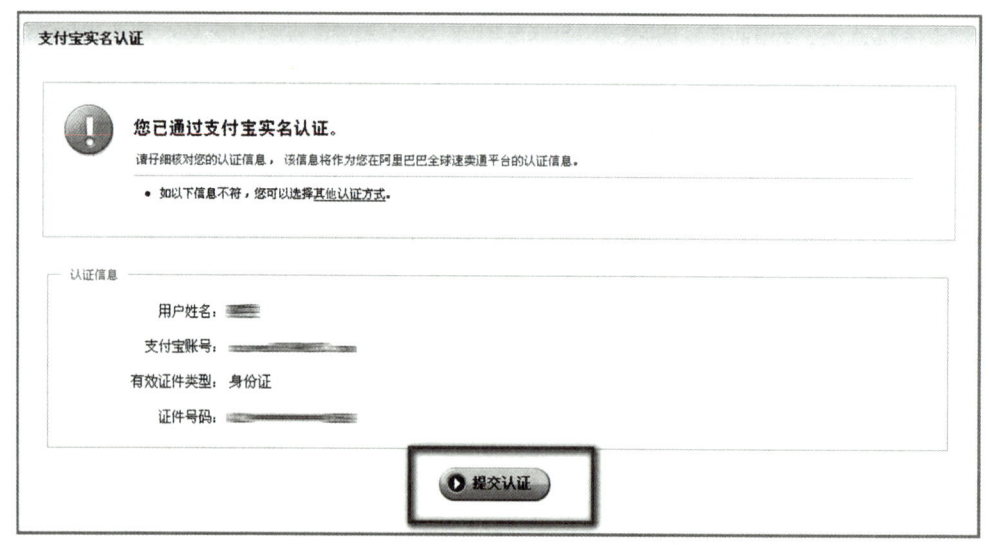

图 2-4　支付宝实名认证界面

(二)通过银行卡账户认证

如果你没有通过支付宝实名认证,则可以用银行卡账户认证,如图 2-5 所示。

第二章 跨境电子商务平台规则介绍

图 2-5 用银行卡账户认证界面

第一步：在个人实名认证页面，输入身份证姓名、身份证号码、银行开户名、开户银行所在省份、开户银行所在城市、个人银行账号等认证信息，点击提交，平台会给你提交的银行账户注入1元以下的"确认资金"。

第二步：商家在1~2个工作日后查看银行账户收到的准确金额，在"确认打款金额"页面输入收到的金额。

第三步：输入的金额被确认正确后，平台将用户的身份证号码去公网验证，审核商家填写的身份信息。

认证步骤结束之后，商家可以通过查看相关提示信息得知自己的认证情况。

如果商家成功完成了个人身份验证，则说明已经开通了属于自己的速卖通账户。

二、商品发布规则

（一）禁售、限售规则

速卖通禁止发布任何含有禁售、限售商品的信息，否则将给予处罚。限售商品，指发布商品前需取得商品销售的前置审批、凭证经营或授权经营等许可证明，否则不允许发布。若已取得相关合法许可证明，需要在商品发布前提供给速卖通。限售商品详见《全球速卖通禁限售商品目录》。

速卖通禁止发布不适宜速递的商品，不支持不适宜速递的商品信息，相关商品详见《全球速卖通禁限售商品目录》。

违反速卖通禁限售规则的处罚标准如表2-1所示。

表2-1 违反速卖通禁限售规则的处罚标准

处罚依据	行为类型	积分处罚	其他处罚
禁限售规则	发布禁限售商品	严重违规：48分/次（关闭账户） 一般违规：0.5～6分/次（1天内累计不超过12分）	1. 退回/删除违规信息 2. 若核查到订单中涉及禁限售商品，速卖通将关闭订单，如消费者已付款，无论物流状况如何均全额退款给消费者，商家承担全部责任

（二）知识产权发布规则

速卖通严禁用户未经授权发布、销售涉嫌侵犯第三方知识产权的商品。

若商家发布、销售涉嫌侵犯第三方知识产权的商品，则有可能被知识产权所有人或者消费者投诉，平台也会随机对商品（包含下架商品）信息进行抽查，若涉嫌侵权，则信息会被退回或删除。如果投诉成立、信息被退回或删除，商家会被扣以一定的分数，一旦分数累计到达相应节点，平台会进行处罚。违反速卖通知识产权发布规则的处罚标准如表2-2所示。

表2-2 违反速卖通知识产权发布规则的处罚标准

侵权类型	定义	处罚规则
商标侵权	严重违规：未经注册商标权人许可，在同一种商品上使用与其注册商标相同或相似的商标	三次违规者关闭账户
	一般违规：其他未经权利人许可使用他人商标的情况	1. 首次违规扣0分 2. 其后每次重复违规扣6分 3. 累计达48分者关闭账户
著作权侵权	未经权利人授权，擅自使用受版权保护的作品材料，如文本、照片、视频、音乐和软件，构成著作权侵权。 实物层面侵权： 1. 盗版实体商品或其包装 2. 实体商品或其包装非盗版，但包括未经授权的受版权保护的作品 信息层面信息： 商品及其包装不侵权，但未经授权在店铺信息中使用图片、文字等受著作权保护的作品	1. 首次违规扣0分 2. 其后每次重复违规扣6分 3. 累计达48分者关闭账户
专利侵权	侵犯他人外观专利、实用新型专利、发明专利、外观设计（一般违规或严重违规的判定视个案而定）	1. 首次违规扣0分 2. 其后每次重复违规扣6分 3. 累计达48分者关闭账户 （严重违规情况，三次违规者关闭账户）

速卖通会按照侵权商品投诉被受理时的状态，根据相关规定对相关商家实施处罚。同一天内所有一般违规及著作权侵权投诉，包括所有投诉成立（商标权或专利权：被投诉方因同一知识产权被投诉，在规定期限内未发起反通知，或虽发起反通知，但反通知不成立。著作权：被投诉方被同一著作权人投诉，在规定期限内未发起反通知，或虽发起反通知，但反通知不成立）及速卖通平台抽样检查，扣分累计不超过6分。三天内所有严重违规，包括所有投诉成立（即被投诉方因同一知识产权被投诉，在规定期限内未发起反通知；或虽发起反通知，但反通知不成立）及速卖通平台抽样检查，只会做一次违规计算；三次严重违规者关闭账户，严重违规次数记录累计，不区分侵权类型。速卖通有权因商家商品违规与侵权行为而对商家店铺进行处罚，包括但不限于退回或删除商品或信息；限制商品发布；暂时冻结账户；关闭账户。对于关闭账户的用户，速卖通有权采取措施防止该用户再次在速卖通上进行登记。每项违规行为从处罚之日起，365天内被认为有效。

当用户侵权情节特别显著或极端时，速卖通有权单方面对用户采取解除速卖通商家服务协议及免费会员资格协议的措施，直接关闭用户账户。速卖通酌情判断与用户相关联的所有账户，采取其他为保护消费者或权利人的合法权益或平台正常经营秩序的适当的措施。在此情况下，速卖通除有权直接关闭账户外，还有权冻结与用户关联的国际支付宝账户资金及速卖通账户资金，其依据为确保消费者或权利人在行使投诉、举报、诉讼等救济权利时，其合法权益得以保障。

"侵权情节特别显著或极端"包括但不限于以下情形：

（1）用户侵权的情节特别严重。

（2）权利人针对速卖通提起诉讼或法律要求。

（3）用户因侵权行为被权利人起诉，被司法、执法或行政机关立案处理。

（4）因应司法、执法或行政机关要求，速卖通处置账户或采取其他相关措施。

（5）用户销售的商品在商品属性、来源、销售规模、影响面、损害等任一因素方面造成较大影响的。

（6）构成严重侵权的其他情形（如以错放类目、使用变形词、遮盖商标、引流等手段规避）。

所以，商家在速卖通平台上运营店铺时要注意以下几点：

（1）如果店铺的商品含有某公司品牌或商标，则商品必须由该公司或由该公司授权的生产商制造，否则商品存在侵权的可能性。

（2）速卖通尊重和保护知识产权，在速卖通平台发布任何品牌商品信息，需先进行商标资质申请及审核后，方可发布。

（3）商家需要对照速卖通规则频道首页的"品牌列表参考"，但其并未涵盖所有受保护的知识产权品牌，要持续关注规则的变化。知识产权除商标权之外，还包括专利权和著作权。

（4）不论商品因为涉嫌侵权被退回或删除，还是商品被知识产权所有人或者消费者投诉，速卖通都会发送通知邮件给商家。若对退回结果或者投诉有异议，商家均可以按照通知邮件的操作指引进行申诉，一旦申诉成功，对应的扣分将会取消，但如果申诉不成功，则应该极力避免相同的情况再次发生。

三、搜索排序规则

（一）搜索排序原则

速卖通搜索的整体目标，是帮助消费者快速找到想要的商品，并且能够有比较好的交易体验。搜索排名的目标就是要将最好的商品、服务能力最好的商家优先推荐给消费者。谁能带给消费者最好的采购体验，谁的商品就会排序靠前。

在排序过程中，速卖通对于所有的商家采取相同的标准，给予表现好的商家更多的曝光机会，降低表现差的商家的曝光机会，甚至没有曝光机会。速卖通提倡商家间公平竞争，优胜劣汰，能够提供最好的采购体验给消费者，让更多的消费者愿意来速卖通采购，最终促进市场的良性发展。

（二）搜索排序机制介绍

影响商家搜索排名的因素很多，简单来说有五类：商品的信息描述质量、商品与消费者搜索需求的相关性、商品的交易转化能力、商家的服务能力、搜索作弊的情况。

首先，商品要如实描述，且信息完整、准确。其次，商品与消费者搜索或类目浏览的需求非常相关。在这个基础上，速卖通会综合考虑商品的转化能力和商家过往的服务表现。商品转化好、商家服务好的商品会排序靠前，但如果有搜索作弊行为，将会大大影响商品的排序，甚至没有排序的机会。

下面详细介绍影响搜索排名的几个方面的因素。

1. 商品的信息描述质量

商品信息如实描述，这是最基本的要求。你销售的是什么样的商品，在商品描述的时候一定要真实、准确地告诉消费者，帮助消费者快速地做出购买决策。由虚假描述引起的纠纷会严重影响你的排名情况，甚至导致平台的处罚。商品描述信息尽量准确、完整，商品的标题、发布类目、属性、图片、详细描述对于消费者快速做出购买决策来说都非常重要，务必准确、详细地填写。

2. 商品与消费者搜索需求的相关性

相关性是搜索引擎技术里非常复杂的算法，简单地说就是判断你的商品在消费者进行关键词搜索与类目浏览时，与消费者实际需求的相关程度。与消费者需求越相关的商品，排名越靠前。

在判断相关性的时候，速卖通最主要的是考虑商品的标题，其次会考虑发布类目的选择、商品属性的填写及商品的详细描述内容。

以下几点建议有助于商家获取更多的曝光机会：

（1）标题的描写是重中之重，真实准确地概括、描述商品，符合海外消费者的语法习惯，没有错别字及语法错误。请不要千篇一律地描述，因为消费者会审美疲劳。

（2）标题中切记避免堆砌关键词，比如"mp3、mp3 player、music mp3 player"这样的标题堆砌关键词，不能帮你提升排名，反而会被搜索降权处罚。

（3）标题中切记避免虚假描述，比如商家销售的商品是 MP3，但为了更多地曝光，在标题中填写类似"MP4、MP5"字样的描述。速卖通有算法监测此类作弊行为，同时虚假的描述会影响商品的转化情况，得不偿失。

（4）对商品发布类目的选择一定要准确，正确的类目选择有助于消费者通过类目浏览或者类目筛选快速定位到你的商品，错误地选择类目会影响商品的曝光机会并且可能受到平台的处罚。

（5）商品属性的填写完整、准确，详细描述内容真实、准确有助于消费者通过关键词搜索、属性筛选快速定位到你的商品。

3. 商品的交易转化能力

速卖通看重商品的交易转化能力，一个符合海外消费者需求，价格、运费设置合理且售后服务有保障的商品是消费者想要的。速卖通会综合观察一个商品曝光的次数及最终促成了多少交易来衡量一个商品的交易转化能力,转化高的商品代表消费者需求高,有市场竞争优势,从而排序靠前,转化低的商品排序靠后,甚至没有曝光的机会,逐步被市场淘汰。

一个商品累积的成交量和好评,有助于帮助消费者快速地做出购买决策,会排序靠前。如果一个商品消费者的评价不好,会严重地影响商品的排名。

除商品本身的质量外,商家的服务能力是最直接影响消费者采购体验的因素,速卖通期望商家和平台一起努力,能够将最优质的服务提供给消费者。

4. 商家的服务能力

在搜索排名上面,速卖通非常看重商家的服务能力,能提供优质服务的商家排名靠前。服务能力差、消费者投诉多的商家会受到排名严重靠后,甚至不能参与排名的处罚,同时可能受到平台的相关处罚。

5. 搜索作弊的情况

对于通过搜索作弊骗取曝光机会,使排名靠前的情况,速卖通将逐步完善并加大清理、打击力度,以营造一个公平竞争的环境,保障消费者的搜索体验。在这一点上,平台方向明确,信心坚定。

对于搜索作弊的行为,速卖通进行日常的监控和处理,及时清理作弊的商品。其处理手段包括使商品的排名靠后、商品不参与排名或者隐藏该商品;对于作弊行为严重或者屡犯的商家,相关店铺在一段时间内整体排名靠后,或者不参与排名,特别严重者会被关闭账户。

常见的搜索作弊行为如下:

(1)"黑五类"商品的乱放。订单链接、运费补差价链接、赠品、定金、新品预告,作为特殊商品出现在网站上,但没有按规定放到指定的特殊发布类目中。

(2)重复铺货骗曝光。商家将同一种商品恶意发布为多种商品进行销售。

(3)重复开小账户抢曝光。商家恶意注册多个账户,发布相同商品进行销售。

(4)商品标题、关键词滥用。在商品的标题、关键词、简要描述、详细描述等处设置与商品本身不相关的品牌名称和描述用语,吸引更多消费者注意或误导消费者浏览自己的商品。

(5)商品发布类目乱发。将商品发布在不合适的类目中或设置错误的属性会影响网站商品类目列表及属性筛选的准确性，进而影响到消费者的搜索采购体验。

（6）商品超低价、超高价，骗曝光率。商家发布偏离商品正常价值较大的商品，在默认和价格排序时，吸引消费者注意，骗取曝光率。

（7）商品价格与运费倒挂。商家以超低价格发布商品，同时调高运费价格，吸引消费者注意，骗取曝光率。

（8）发布广告商品。以宣传店铺或者其他商品为目的，发布带有广告性质的商品，吸引消费者访问，但不进行真实销售。

（9）商品销量炒作。以提升商品的累计销量为目的，利用先卖低值商品，后转卖高值商品及虚假交易的方式提升商品的累计销量，误导消费者。

（10）商家信用炒作。信用评价并非基于真实的交易体验，而是为了提高会员的信誉做出评价或接受评价的行为。

在此提醒商家，千万不要抱着侥幸的心理去尝试作弊提升曝光率和排名，也不要去模仿其他商家已有的作弊行为，诚信经营，长远发展才是根本。速卖通可以识别搜索作弊的行为，分步骤清理和打击，并且对历史作弊行为进行追溯，有作弊行为的商家应停止违规操作并且自发清理相关的商品。

四、速卖通"货不对版"规则

"货不对版"，指消费者收到的商品与达成交易时商家对商品的描述或承诺在类别、参数、材质、规格等方面不相符。

"货不对版"行为包括但不限于以下情况：

（1）寄送空包裹给消费者。

（2）订单商品为电子存储类设备，商品容量与商品描述或承诺严重不符。

（3）订单商品为计算机类硬件，商品配置与商品描述或承诺严重不符。

（4）订单商品和寄送商品非同类商品，且价值相差巨大。

速卖通对第一次一般"货不对版"处以冻结账户7天的处罚，二次及以上违规，冻结账户30天或关闭账户。

五、其他规则

2021年12月,速卖通开始调整大服饰行业招商政策,实行行业邀约或让拥有相应资质的专业商家入驻平台,并且对已入驻的大服饰商家做基础供给能力认证。速卖通关闭个体商家入驻平台的入口。

速卖通限制商品数量,考核动销率,拒绝铺货商家。

对未达标的商家,速卖通开始实施店铺主营经营大类退出的措施。商家退出某一经营大类后,90天内无法重新申请入驻任何经营大类。

速卖通加强部分类目的欧盟CE认证资质管控。针对销往欧盟国家的商品,商家需要提交相关资质证书(CE认证),否则将在欧盟国家屏蔽该商品。

第三节 跨境电子商务平台交易和放款规则

本节以速卖通为例,介绍跨境电子商务平台交易和放款规则。

一、交易规则

为了维护平台健康有序的市场秩序,制止虚假发货的行为,提升会员的用户体验,速卖通制定了交易规则。

虚假发货是指在规定的发货期内,商家填写的货运单号无效或虽然有效但与订单交易明显无关,误导消费者或平台的行为。例如:为了规避"成交不卖"处罚,填写无效货运单号或明显与订单交易无关的货运单号等。"货运单号无效"指货运单号本身不存在(包括使用小包、未挂号而导致无法追踪物流信息的情况)。"虽然有效但与订单交易明显无关",指货运单号虽然存在,但与订单下单时间不符(如物流的收件时间明显早于订单下单时间），或寄递的地址明显与消费者提供的地址不同（如寄递地址与收件人地址不在一个国家）。

根据严重程度，虚假发货行为分为虚假发货一般违规和虚假发货严重违规。

虚假发货严重违规行为包括但不限于以下情形：

（1）虚假发货订单金额较大。

（2）买卖双方恶意串通，在没有真实订单交易的情况下，通过虚假发货的违规行为误导平台放款。

（3）多次发生虚假发货一般违规行为。

速卖通对虚假发货行为的处罚如表2-3所示。

表2-3 速卖通对虚假发货行为的处罚

违规情形	处罚措施（扣分）
虚假发货一般违规	2分/次
虚假发货严重违规	12分/次
虚假发货特别严重	48分/次
说明：速卖通根据商家违规行为的严重程度扣分或直接关闭账户。被平台认定虚假发货的，平台将采取包括但不限于取消海外仓发货权限、虚假发货订单关闭并退款、取消商品发布权限、在线商品下架、关闭账户等限制措施	

二、放款规则

（一）一般放款规则

速卖通的订单采取的是有担保交易的形式，平台放款必须满足消费者确认收货和物流妥投双重条件。如果速卖通判断订单或商家存在引发纠纷、欺诈等风险，则延长放款周期。针对交易完成的订单，速卖通会进行系统和人工的物流核实，只有确认为"物流妥投"，相应的订单款项才会进入商家的账户中。

（二）特殊放款规则

在特殊放款规则出台之前，在一般放款条件下，如果订单的物流信息没有妥投记录，订单款项将被系统暂时冻结180天，从消费者支付货款成功那天开始计算。

所以，平台提前放款是商家在速卖通成长的最大利器。

商家只要各类经营指标达到速卖通平台系统计算的风险控制综合指标要求，就可以免费加入提前放款计划。

第四节　跨境电子商务平台评价和纠纷处理规则

本节以速卖通为例，介绍电子商务平台评价和纠纷处理规则。

一、评价规则

速卖通交易评价等级体系采用比较直观的勋章、钻石、皇冠来表示买卖双方的评价等级。

交易评价等级与所需积分如表 2-4 所示。

表 2-4　交易评价等级与所需积分

等级	商家	消费者	信用度积分
L1.1	🏅	🏅	3～9
L1.2	🏅🏅	🏅🏅	10～29
L1.3	🏅🏅🏅	🏅🏅🏅	30～99
L1.4	🏅🏅🏅🏅	🏅🏅🏅🏅	100～199
L1.5	🏅🏅🏅🏅🏅	🏅🏅🏅🏅🏅	200～499
L2.1	💎	💎	500～999
L2.2	💎💎	💎💎	1000～1999
L2.3	💎💎💎	💎💎💎	2000～4999
L2.4	💎💎💎💎	💎💎💎💎	5000～9999
L2.5	💎💎💎💎💎	💎💎💎💎💎	10000～19999
L3.1	👑	👑	20000～49999

第二章 跨境电子商务平台规则介绍

速卖通交易评价等级会在商家的商品页面和商铺主页中展示，如图 2-6～图 2-7 所示。

图 2-6 交易评价等级在商品页面的效果

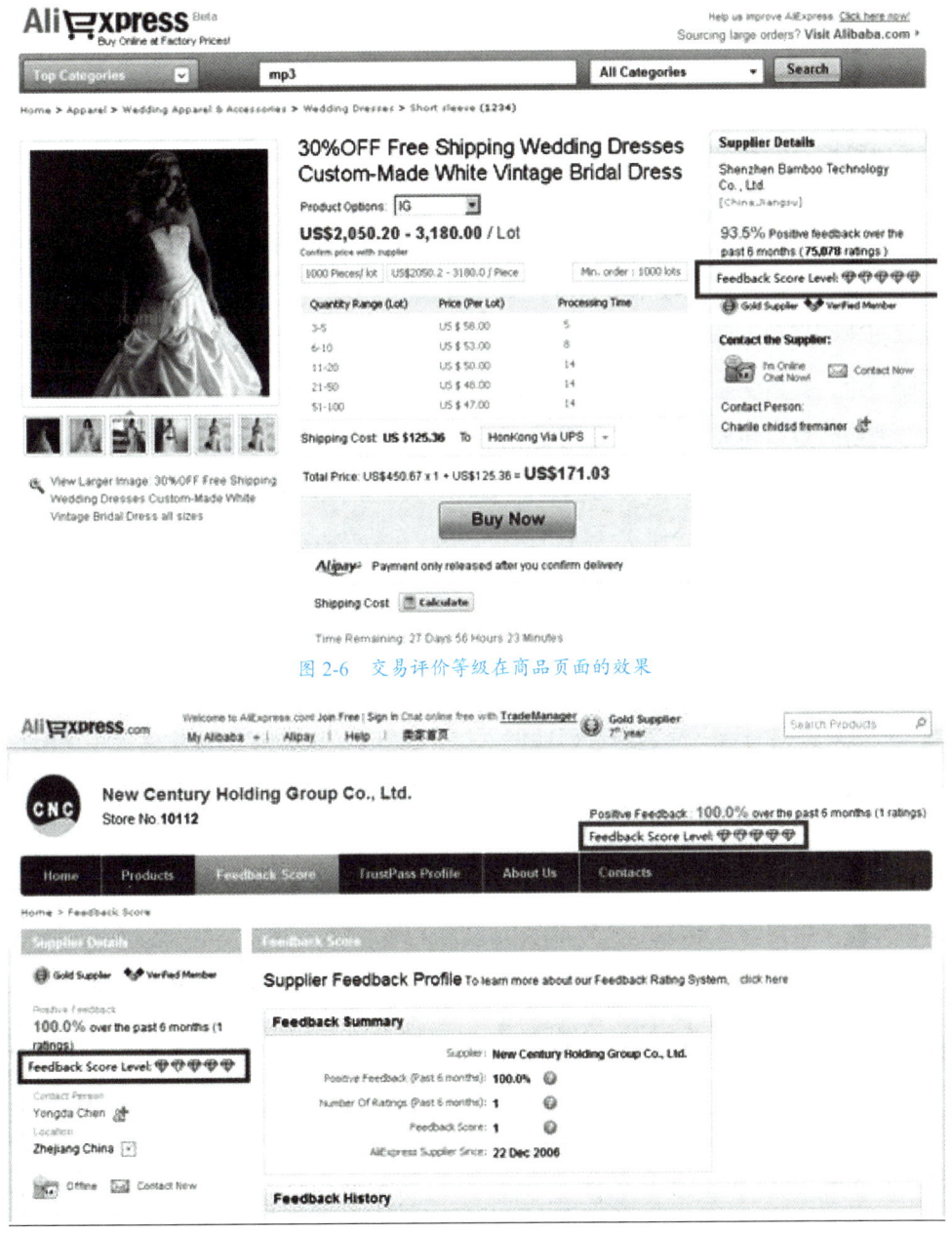

图 2-7 交易评价等级在商铺主页中的效果

二、纠纷处理规则

商家发货并填写发货通知后，消费者如果没有收到货物或者对收到的货物不满意，可以在商家全部发货 5 天后申请退款（若商家设置的限时达时间小于 5 天则消费者可以在商家全部发货后立即申请退款），消费者提交退款申请时纠纷即生成。

当消费者提交或修改纠纷后，商家必须在 5 天内"接受"或"拒绝"消费者的退款申请，否则订单将根据消费者提出的退款金额执行。

如果买卖双方协商达成一致，则按照双方达成的退款协议进行操作；如果无法达成一致，则提交至速卖通进行裁决。

消费者可以在商家拒绝退款申请后提交至速卖通进行裁决。若消费者第一次提起退款申请后 15 天内未能与商家协商一致达成退款协议，消费者也未取消纠纷，第 16 天系统会自动提交速卖通进行纠纷裁决。若消费者提起的退款申请原因是"货物在途"，则系统会根据限时达时间自动提交速卖通进行裁决。

对于纠纷，为增强消费者体验和对速卖通平台及平台商家的信心，速卖通鼓励商家积极与消费者协商，尽早达成协议，尽量减少平台的介入；如果纠纷被提交至速卖通，速卖通会根据双方提供的证据进行一次性裁决，商家同意接受速卖通的裁决；并且，如果速卖通发现商家有违规行为，会同时对商家给予处罚。

纠纷被提交速卖通进行纠纷裁决后的 2 个工作日内，速卖通会介入。

如买卖双方达成退款协议，且消费者同意退货，消费者应在达成退款协议后 10 天内发货并填写发货通知，速卖通将按以下情形处理：

（1）消费者未在 10 天内填写发货通知，则结束退款流程，交易完成。

（2）消费者在 10 天内填写发货通知，且商家 30 天内确认收货，速卖通根据退款协议执行。

（3）消费者在 10 天内填写发货通知，30 天内商家未确认收货，且商家未提出纠纷，速卖通根据退款协议执行。

（4）在消费者退货并填写退货信息后的 30 天内，若商家未收到退回的货物或收到的货物货不对版，商家也可以提交给速卖通进行裁决。

拓展阅读

1. 阿里巴巴

阿里巴巴平台有三个跨境电子商务平台——淘宝全球购、天猫国际和一淘网。淘宝全球购的商家主要是一些中小代购商，天猫国际则引进140多家海外店铺和数千个海外品牌，全部商品海外直邮，并且提供本地退换货服务。一淘网则推出海淘代购业务，通过整合国际物流和支付链，为国内消费者提供一站式海淘服务。阿里巴巴在进口购物方面采取海外直邮、集货直邮、保税三种模式。

立志为中国消费者扮演好全球买手角色的阿里巴巴，开创了跨境电子商务的新模式。阿里巴巴和荷兰、韩国、泰国等国合作，在平台上开设国家馆，共同促进两国跨境电子商务的发展。阿里巴巴的跨境电子商务策略：借助聚划算渠道的爆发力，把消费者的需求激发出来，快速推广和尝试新的品类和模式，然后再将其大规模引进，把运营成本降下来，进入常态化运营阶段。

2. Wish

Wish平台是在移动互联网环境中诞生的，和其他电子商务平台有区别。Wish是基于手机端App的运用，消费者都是通过移动端浏览和购物的。系统根据用户在注册时填写的基本信息，以及后期的浏览、购买行为，为用户加上标签，并且不断记录和更新用户标签，由此推算消费者可能感兴趣的商品。这些计算都是由系统完成的，并且持续进行修正。

Wish平台淡化店铺概念，注重商品本身的区别和用户体验的质量。在商品相同的情况下，以往服务记录好的商家会得到更多的推广机会。Wish平台目前没有付费推广，根据消费者的体验来优化计算方法和推送商品。

目前Wish平台的主要销售类目是服装服饰，包括女装、男装、美妆、配饰，以后可能会扩展到电子配件、母婴、家具类。根据消费者浏览方式，可以推测出，在Wish平台上受欢迎的类目具有这些特点：商品种类丰富、使用更换频率高、有话题等，所以时尚类目是该平台的主要类目。

3. eBay

eBay创立之初是一个拍卖网站，它的销售方式现在依然延续了拍卖模式，这是区别于其他平台的一大特色。在eBay上有两种销售方式：一口价和拍卖。以"拍卖"方式发布物品是商家常用的销售方式，商家设定物品的起拍价及在线时间，并以物品下线时的最高竞拍金额将其卖出，出价最高的消费者成为该物品的中标者。在 eBay 上以低起拍价的方式拍卖物品，仍然是能够激起消费者兴趣的最好途径。而且，在搜索排序规则中，即将结束拍卖的物品还会在"ending soonest"排序结果中获较高排名，得到更多的免费曝光机会。以"一口价"方式销售的物品在线最长时间是 30 天，可以让商品有充分的展示时间。

4. 京东全球购

京东全球购采用自营与商家入驻两种模式，提供定制化的配套服务。其中，自营模式是京东自主采购，由保税区内专业服务商提供支持；商家入驻模式则是引入海外品牌商品，销售的主体就是海外的公司。京东开通法国、韩国、俄罗斯等"国家馆"的跨境电子商务业务，提供境外商品物流配送和营销推广的官方资源支持。

京东通过主打全品类高品质商品、高品质为低价护航、微信朋友圈营销玩起来、全平台生态链联动出击等策略，意图将"黑五"打造成由京东全球购引领的跨境电子商务狂欢购物节。而京东具备很强的供应链整合能力及强大的物流配送体系，在正品与低价方面都有保障，从而为塑造用户口碑创造了基础条件。京东全球购在移动端还拥有微信和 QQ 的渠道和流量入口，但整体优势并未显现。

5. Shopee

Shopee 总部设在新加坡，隶属于 Sea Group（以前称为 Garena），该公司于 2009 年由李小冬创立。Shopee 于 2015 年首次在新加坡推出，现在已扩展到新加坡、马来西亚、菲律宾、泰国、越南、巴西等十余个市场，为全世界华人地区用户提供服务。Shopee 领航跨境电子商务平台，在深圳、上海和香港设立跨境业务办公室。

根据权威移动数据分析平台 App Annie 分析，2020 年 Shopee 位居全球购物类 App 下载量第三名，并斩获东南亚购物类 App 年度总下载量、平均月活数、安卓用户使用总时长三项冠军。同时，Shopee 还在 YouGov 颁布的亚太品牌声量榜中夺冠，并位居全球最佳品牌榜第八位，成为前十强中仅有的两大电子商务品牌之一。

6. Lazada

Lazada 创立于 2012 年 3 月，是东南亚首屈一指的网上购物平台，在印度尼西亚、马来西亚、菲律宾、新加坡、泰国及越南设有分支机构，韩国、英国、俄罗斯及中国香港设有办事处。

Lazada 主要目标市场是东南亚 6 国,即马来西亚、印度尼西亚、新加坡、泰国、越南、菲律宾。该平台主要经营家用电子产品、家居用品、玩具、时尚服饰、运动器材等商品,成立不到 7 年就一跃成为东南亚最大的电子商务平台。

思考与练习

1. 阐述 Wish 平台的特点与推送原理。
2. 速卖通平台放款有哪些规则?
3. 如何引导消费者给予好评?
4. 与消费者发生纠纷后如何妥善处理?

第三章

跨境电子商务合同法律制度

本章概要

电子商务以电子交易为核心展开，电子交易的主要形式是电子合同。因此，电子合同的订立与履行是电子商务活动的核心环节。电子合同和传统合同的根本区别在于，其以数据电文的方式订立合同、记载合同内容。本章共分为三节，详细介绍了电子合同的概念、特征和分类，电子合同订立和生效的特殊法律问题，以及电子合同的履行和违约救济问题。本章着眼于电子合同与传统合同的差别，重点讲述电子合同的特殊性，包括电子合同的要约与承诺、确认收讫等规则和问题。

学习目标

1. 掌握电子合同的概念和特征，识别电子合同的类型。
2. 熟悉电子合同的法律效力，掌握电子合同的订立程序。
3. 掌握电子合同履行的法律责任，掌握电子合同违约责任的构成要件。

重点和难点

▶重点：掌握电子交易中的要约和承诺。
▶难点：电子合同中违约责任的构成要件及违约责任的主要认定方式。

案例导入

2019年4月,漫漫公司为增加其网络店铺的交易量,委托案外人陈某组织刷手为其网络店铺刷单。漫漫公司需按照交易订单金额退还货款,并支付刷单报酬,标准为每刷单1万元支付50元。通过陈某牵线,刷手组织者李某向漫漫公司介绍了刷手何某。何某遂在某平台创建了涉案交易订单,双方均确认涉案商品未实际发货。何某称,漫漫公司未向其退还因刷单垫付的2万元及支付刷单费,在某平台提出"仅退款"申请。漫漫公司称其已将涉案款项支付给案外人陈某,拒绝向何某退款。

何某诉请漫漫公司退还货款2万元。

裁判结果:何某与漫漫公司订立网络购物合同,意在以虚假网络购物意思掩盖"刷销量、赚报酬"的真实意思,属于《中华人民共和国民法典》规定的通谋虚伪行为。对于双方以虚假的意思表示实施的民事法律行为,即网络购物合同的效力,因双方缺乏真实的意思表示而无效。在本案中,双方通谋共同实施了刷销量的行为,致使涉案合同因违反法律规定被认定无效,客观上已产生了虚假订单,造成了网络营商环境的损害,且何某系自行决定投入款项,故对于何某基于赚取刷单报酬目的投入的款项,依法不予保护。漫漫公司所述向案外人陈某支付款项的行为,与本案何某付款的行为并无二致,二者支出的款项均属于进行非法"刷销量"活动的财物,依照民法通则的规定,另行制作决定书予以处理。法院最终判决,驳回原告何某的全部诉讼请求。

第一节 电子合同概述

随着电子技术的发展,电子合同以其传输方便、节约等特点得以出现,其虽然也通过电子脉冲来传递信息,却不再以一张纸为原始的凭据,而只是一组电子信息。数据电文和电子邮件是电子合同的基本形式,两者各自在电子商务活动中占据了一席之地。电子合同与传统的合同有着显著的区别,电子合同的当事人、要约、承诺及合同的效力问题是现代立法中的一个难点。

一、电子合同的概念和特征

（一）电子合同的含义

电子合同又称电子商务合同，根据联合国国际贸易法委员会《电子商务示范法》及世界各国颁布的电子交易法，同时结合《中华人民共和国民法典》（以下简称《民法典》）中关于合同的规定，电子合同的含义是指通过互联网等信息网络订立的电子合同。电子合同的标的为交付商品并采用快递物流方式交付的，收货人的签收时间为交付时间。电子合同的标的为提供服务的，生成的电子凭证或者实物凭证中载明的时间为提供服务时间。通过上述定义可以看出，电子合同是以电子的方式订立的合同，其主要是指在网络条件下当事人为了实现一定的目的，通过数据电文、电子邮件等形式签订的明确双方权利义务关系的一种电子协议。

（二）电子合同的特征

1. 一种民事法律行为

电子合同这种民事法律行为是双方或者多方民事主体的法律行为，当事人之间以用电子的方式设立、变更、终止财产性民事权利义务为目的。当事人之间签订的这种合同是合同的电子化，是合同的新形式。联合国《电子商务示范法》规定，电子合同是以财产性为目的的协议，并列举了大量商业性质的关系。

2. 交易主体虚拟和广泛

电子合同订立的整个过程采用的是电子形式，以电子邮件、数据电文等方式进行谈判、签订及履行合同。这种合同方式大大地节约了交易成本，提高了经济效益。电子合同的交易主体可以是地球上的任何自然人和法人及相关组织，这种交易方式需要一系列的配套措施，如建立信用制度，让交易的相对人在交易前知道对方的资信状况。在世界经济全球化的今天，信用权益必将成为一种无形的财产。

3. 技术化、标准化

电子合同是通过计算机网络订立的，有别于传统的合同订立方式，电子合同的整个交易过程都需要一系列的国际、国内技术标准予以规范，如电子签名、电子认证等。这些具体的标准是电子合同存在的基础。如果没有相关的技术与标准，电子合同是无法实现和存在的。

4. 合同订立电子化

我国《民法典》规定合同的订立需要有要约和承诺两个过程，电子合同同样需要具备这些要件。传统的合同的要约和承诺采用的方式不同于电子合同，电子合同中的要约和承诺均可以用电子的形式完成，只要输入的相关信息符合预先设定的程序，计算机就可以自动做出相应的意思表示。

5. 合同中的意思表示电子化

意思表示的电子化，是指在合同订立的过程中以相关的电子方式表达自己的意愿的一种行为，这种行为的表现方式是通过电子化形式实现的。联合国《电子商务示范法》将电子化的意思表示为"数据电文"。

二、电子合同的订立与成立

电子合同的订立，是指缔约人做出意思表示并达成合意的行为和过程。任何一个合同的签订都需要当事人双方进行一次或者多次的协商、谈判，并最终达成一致意见。电子合同的成立是指当事人之间就合同的主要条款达成一致的意见。

电子合同作为合同中的一种特殊形式，其成立与传统的合同一样，同样需要具备相关的要素和条件。世界各国的合同法对合同的成立大都减少不必要的限制，这种做法是适应和鼓励交易行为、增进社会财富的需要。所以，只要当事人之间就合同的主要条款达成一致的意见，电子合同即可成立。

关于合同中的主要条款，现行的立法是很宽泛的，我国的《民法典》做了列举性的规定，但该列举性规定是指一般条款。就合同的主要本质而言，在合同主要条款方面，如果当事人有约定，要以双方约定为主要条款，如果没有约定可以根据合同的性质确定主要条款。

合同的成立与订立是两个不同的概念，两者既有联系，又有区别。电子合同的成立需要具备相应的要件。

第一，订约人主体是双方或者多方当事人。合同的主体是合同关系的当事人，他们实际享受合同权利并承担合同义务。

第二，订约当事人对主要条款达成合意。合同成立的根本标志在于合同当事人就合同的主要条款达成合意。

第三，合同的成立应该具备要约和承诺两个阶段，当事人订立合同，采取要约、承诺方式。

（一）要约和要约邀请

要约是指缔约一方以缔结合同为目的而向对方当事人做出的意思表示。关于要约的形式，联合国《电子商务示范法》第11条规定：除非当事人另有协议，合同要约及承诺均可以通过电子意思表示的手段来表示，并不得仅仅以使用电子意思表示为理由否认该合同的有效性或者可执行性。要约的形式，既可以是明示的，也可以是默示的。

要约通常都具有特定的形式和内容，一项要约要发生法律效力，必须具备以下特定的有效要件：

（1）要约是由具有订约能力的特定人做出的意思表示。

（2）要约必须具有订立合同的意图。

（3）要约必须向要约人希望与之缔结合同的受要约人发出。

（4）要约的内容必须明确、具体和完整。

（5）要约必须送达受要约人。

要约邀请是指希望他人向自己发出要约的意思表示。在电子商务活动中，从事电子交易的商家在互联网上发布广告的行为应该视为要约还是要约邀请？对该问题，学界有不同的观点：一种观点认为是要约邀请，认为这些广告是针对不特定的多数人发出的。另一种观点认为是要约，因为这些广告包含的内容是具体确定的，其包括价格、规格、数量等完整的交易信息。

要约一旦做出，就不能随意撤销或者撤回，否则要约人必须承担违约责任。《民法典》规定，要约到达受要约人时生效。由于电子交易均采取电子方式进行，要约的内容均表现为数字信息在网络上传播，往往一方在自己的计算机上按下确认键的同时，对方的计算机几乎同步收到要约的内容，这种技术改变了传统交易中的时间和地点观念。为了明确电子交易中要约的到达标准，《民法典》还进一步规定："采用数据电文形式订立合同，收件人指定特定系统接收数据电文的，该数据电文进入该特定系统的时间,视为到达时间,未指定特定系统的,该数据电文进入收件人的任何系统的首次时间,视为到达时间。"

(二)承诺

承诺,又称为接盘或接受,是指受要约人做出的,对要约的内容表示同意并愿意与要约人缔结合同的意思表示。《民法典》第四百七十九条规定:"承诺是受要约人同意要约的意思表示。"意思表示构成承诺,需具备以下几个要件:

(1)承诺必须由受要约人向要约人做出。

(2)承诺必须是对要约明确表示同意的意思表示。

(3)承诺的内容不能对要约的内容做出实质性的变更。

(4)承诺应在要约有效期间内做出。要约没有规定承诺期限的,若要约以对话方式做出,承诺应当即时做出;要约以非对话方式做出,承诺应当在合理期间内做出,双方当事人另有约定的从其约定。

承诺的撤回,是指受要约人在发出承诺通知以后,在承诺正式生效之前撤回承诺。《民法典》规定,承诺可以撤回。撤回承诺的通知应当在承诺通知到达要约人之前或者与承诺通知同时到达要约人。因此,承诺的撤回通知必须在承诺生效之前到达要约人,或者与承诺通知同时到达要约人,撤回才能生效。如果承诺通知已经生效,合同已经成立,受要约人不能再撤回承诺。对承诺的撤回,学界有不同的观点,反对者认为电子商务具有传递速度快、自动化程度高的特点,要约或者承诺生效后,可能自动引发计算机做出相关的指令,这样会导致一系列的后果。赞同承诺撤回的学者则认为,不管电子传输速度有多快,总是有时间间隔的,而且存在网络故障、信箱拥挤、计算机病毒侵袭等突发性事件的存在,使要约和承诺不可能及时到达。

三、分类

根据电子合同主体的不同,电子商务合同可分为商业机构之间的电子合同、用户之间的电子合同和商业机构与用户之间的电子合同。

合同的分类就是将种类各异的合同按照特定的标准进行的抽象区分。一般来说，依据合同反映的交易关系的性质，可以将合同分为买卖、赠予、租赁、承揽等不同的类型。《民法典》就以此为标准，建立了有名合同的法律制度。当然，除这一标准之外，以双方权利、义务的分担方式，还可以将合同分为双务合同与单务合同；以当事人是否从合同中获取某种利益，还可以将合同分为有偿合同与无偿合同；以合同的成立是否必须交付标的物，还可以将合同分为诺成合同与实践合同；以合同的成立是否以一定的形式为要件，还可以将合同分为要式合同与不要式合同。

对电子合同进行科学的分类，一方面有利于法学研究，使研究更加深入，另一方面也可以使电子合同法律制度的建设更具有针对性和全面性。电子合同作为合同的一种，可以按照传统合同的分类方式进行划分，但基于其特殊性，还可以将其分为以下几种类型。

（1）从电子合同订立的具体方式的角度，可分为利用电子数据交换订立的合同和利用电子邮件订立的合同。

（2）从电子合同标的物的属性的角度，可分为网络服务合同、软件授权合同、需要物流配送的合同等。

（3）从电子合同当事人的性质的角度，可分为电子代理人订立的合同和合同当事人亲自订立的合同。

（4）从电子合同当事人之间的关系的角度，可分为 B2C 合同（企业与个人在电子商务活动中形成的合同）、B2B 合同（企业之间从事电子商务活动形成的合同）、B2G 合同（企业与政府进行电子商务活动形成的合同）。

第二节 跨境电子商务电子合同成立和认证

一、电子合同的成立

为适应电子商务和数字经济的发展，规范电子交易行为，《民法典》第四百九十一条对"电子合同"的成立时间做出了规定："当事人一方通过互联网等信息网络发布的商品或者服务信息符合要约条件的，对方选择该商品或者服务并提交订单成功时合同成立，但是当事人另有约定的除外。"

电子合同成立的时间是指电子合同开始对当事人产生法律约束力的时间。在一般情况下，电子合同成立的时间就是电子合同的生效时间，合同成立的时间是对双方当事人产生法律效力的时间。一般认为，收件人收到数据电文的时间即为电子合同到达生效的时间。在判断信息接收时间方面，如果电子信息的接收人指定了一个信息接收系统，则电子信息进入该系统的时间即为信息接收的时间。

《民法典》第四百六十九条规定："当事人订立合同，可以采用书面形式、口头形式或者其他形式。书面形式是合同书、信件、电报、电传、传真等可以有形地表现所载内容的形式。以电子数据交换、电子邮件等方式能够有形地表现所载内容，并可以随时调取查用的数据电文，视为书面形式。"

电子合同的成立地点，是指电子合同成立的地方。确定电子合同成立的地点涉及发生合同纠纷后由何地、何级法院管辖及其适用法律的问题。《民法典》第四百九十二条规定："承诺生效的地点为合同成立的地点。采用数据电文形式订立合同的，收件人的主营业地为合同成立的地点；没有主营业地的，其住所地为合同成立的地点。当事人另有约定的，按照其约定。"

二、电子签名和电子认证

电子合同成立是双方当事人意思一致的结果，在传统的合同订立的过程中，国际通行的做法是用双方当事人的签字来确定双方的意思表示。当事人采用合同形式订立合同，自双方当事人在合同书上签名或者加盖公章时合同成立。当事人签字或者盖章，意味着自然人或者法人在合同书上签名或者加盖公章，合同才发生法律效力。在电子商务合同中，要在这种合同书上签字或者盖章是很困难的。所以，在实践中用何种技术来解决签名和盖章问题是电子合同成立与生效的关键。

美国是世界上最先授权使用数字签名的国家，规定用密码组成的数字与传统的签字具有同等的效力。从技术的角度而言，电子签名主要是指利用一种特定的技术方案来赋予当事人一个特定的电子密码，确保该密码能够证明当事人身份，同时确保发件人发出的资料内容不被篡改。电子签名的主要目的是利用技术手段对数据电文的发件人身份做出确认及保证传送的文件内容没有被篡改，以及解决事后发件人否认已经发送数据电文等问题。

电子认证与电子签名一样都是电子商务中的安全保障机制，是由特定的机构提供的对电子签名及其签署者的真实性进行验证的服务。电子认证，是指由特定的第三方机构用一定的方法对签名者及其所做的电子签名的真实性进行验证的一种活动。电子认证主要应用于电子交易的信用安全方面，确保开放性网络环境中交易人的真实性与可靠性。电子认证是确定某个人的身份信息或者特定的信息在传输过程中未被修改或者替换。电子认证既可以在当事人之间相互进行，也可以由第三方来进行。电子商务活动常常是跨国境的，各个参与方需要不同国家的认证机构对各自的身份进行认证，并向电子商务活动的相对方发放认证证书，这在实践中需要各国相互承认对方国家认证机构发放的电子认证证书的效力。

在认证机构的设立上，必须强调认证机构是一个独立的法律实体，能够以自己的名义从事数字服务，并且能够以自己的财产提供担保，能在法律规定的范围内承担相应的民事责任。它必须保持中立，并具有可靠性、真实性和公正性。电子认证机构一般不得直接和客户进行商业交易，也不能在当事人之间的交易活动中代表任何一方的利益，而只能通过发布公正的交易信息促成当事人之间的交易。它必须能被当事人接受，也就是说，它应当在社会上具有相当的影响力和可信度，并足以使人们在网络交易中愿意接受其提供的认证服务。当事人对电子认证机构的接受可能是明示的，也可能是在网络交易中默示承认或者基于成文法律的要求。另外，电子认证机构不能以营利为目的，认证机构应当是一种类似承担社会服务功能的公用事业，其营业的宗旨应该是提供公正、安全的交易环境，保护第三人的合法权益，促进电子合同交易，加快电子商务的发展。

电子表示真实，是指利用资讯处理系统或者计算机而为真实意思表示的情形。电子意思表示的形式是多种多样的，包括但不限于电话、电报、电传、传真、电邮、数据电文等，具体通过封闭型的电子数据交换网络、局域网与开放性的互联网或传统的电信网络进行电子交易信息的传输。

不违反法律和社会公共利益，是指电子合同的内容合法。合同有效不仅要符合法律的规定，而且在内容上不得违反社会公共利益。在我国，凡属于严重违反公共道德和善良风俗的合同，应当被认定为无效。

我国现行的法律规定无法确认电子合同的形式属于哪一种类型，尽管电子合同与传统合同有着许多差别，但在形式要件方面不能阻挡将新科技转化为生产力的步伐，立法已经在形式方面为合同的无纸化打开了绿灯。法律对数据电文合同应给予书面合同的地位，无论意思表示方式是电子的、光学的还是未来可能出现的其他方式，一旦满足功能上的要求，就应等同于法律上的"书面合同"文件，承认其效力。

网上广告、网上购物、网上合同、网上支付等新型网络交易活动给市场监督管理机关提出了新的要求。市场监督管理机关是国家监督管理市场的行政职能部门，对电子合同进行监督管理责无旁贷，该项职能是由法律赋予的。市场监督管理部门对电子合同的监管能促进网络市场交易的公平性、安全性、经济性，能有效地保护消费者和经营者的合法权益，减少合同争议和违法合同，提高合同的履约率，维护市场交易安全，促进经济的发展。

当事人订立合同，有书面形式、口头形式和其他形式。书面形式是指合同书、信件和数据电文（包括电报、电传、传真、电子数据交换和电子邮件）等可以有形地表现所载内容的形式。这表明电子合同必然属于合同法的调整范围。在电子商务活动中，交易双方当事人实施的是无纸化贸易，通过电子商务系统进行网上谈判，将磋商结果做成文件，以电子文件形式签订贸易合同。双方明确各方权利、义务、标的商品的种类、数量、价格、交货地点、交货期、交易方式、结算方式、运输方式、违约责任、服务、索赔等合同条款后，用数据电文签约或用数字签字签约，形成电子合同，传递订单、提单、保险单等，这些电子单证被记录和保存在磁性介质中，储存于计算机的存储设备内，采用的是电子数据交换和电子邮件形式。这是国内外电子商务市场通行的做法。《民法典》规定书面合同包括电子数据交换和电子邮件，以国家立法的形式，赋予电子合同合法的法律地位，这一点是不容置疑的。

第三节　跨境电子商务电子合同的履行与违约责任

一、电子合同的履行

电子合同的履行是指合同当事人按照合同的约定或者法律的规定，全面适当地完成各自承担的合同义务，使债权人的权利得以实现的过程。《民法典》第五百零九条规定"当事人应当按照约定全面履行自己的义务"，这是法律对合同履行的基本要求。

（一）电子合同履行原则

《民法典》明确规定了电子合同的履行原则，在合同履行的过程中，当事人应当遵循诚实守信原则，根据合同的性质、目的和交易习惯履行通知、协助、保密等义务。在合同履行完毕、合同的权利义务终止后，当事人仍然应当遵循诚实信用原则，根据交易习惯履行通知、协助、保密等义务。当事人一方不履行合同义务或者履行合同义务不符合约定的，应当承担继续履行、采取补救措施、支付违约金或者赔偿损失等违约责任。

1. 实际履行原则

实际履行原则是指当事人应严格按照合同规定的标的履行。
（1）合同当事人须严格按照约定的标的履行，不能以其他标的代替。
（2）合同当事人一方不履行合同时，他方可以要求继续实际履行。

2. 协作履行原则

协作履行原则是指合同的当事人在合同的履行中应相互协作，讲求诚实信用。

3. 经济合理原则

经济合理原则要求当事人履行债务时，要考虑经济效益，要从整体和国家的利益出发。

4. 适当履行原则

适当履行原则是指当事人应按照法律的规定或合同的约定全面、正确地履行债务，故又称全面履行或正确履行原则。

5. 情势变更原则

情势变更原则是指合同成立后至履行前，发生当事人在订约时预料不到的客观情况，致使按原合同履行显失公平时，当事人可以不依原合同履行，变更或解除合同。

(二)电子合同履行的基本方式与地点

从当前我国电子商务开展的情况看,电子合同基本上有三种履行方式:第一种是在线付款,在线交货。此类合同的标的是信息产品,如音乐、计算机软件、音像产品的下载等。第二种是在线付款,离线交货。第三种是离线付款,离线交货。后两种合同的标的可以是信息产品,也可以是非信息产品。对于信息产品而言,既可以选择在线下载的方式,也可以选择离线交货的方式。不同的履行方式决定其履行地点的不同。

1. 合同标的物的交付地点

(1)以有形介质为载体的信息的交付。

当交易的信息以有形介质为载体时,它与传统的动产买卖在交付地点与方式上没有多大区别。交易应当按照合同的约定履行,当事人就合同内容约定不明确时,应首先达成补充协议,不能达成补充协议的,按交易习惯确定,仍然不能确定的,按照《民法典》第五百一十一条第三款的规定履行;交付不动产的,在不动产所在地履行;其他标的,在履行义务一方所在地履行。

(2)以数字化信息形式的交付。

对于通过网络在线传输电子信息,美国《统一计算机信息交易法》第606条规定:"以电子方式交付拷贝的地点为许可方指定或使用的信息处理系统;接收时间的确定方式是一致的,即以信息系统作为参照标准。"从交付完成的标准看,则是"提交并保持有效的拷贝给对方支配",其最终落脚点是让人能有效地支配合同项下的电子信息。

2. 对合同标的物的接收及价金的支付地点

(1)接收标的物的地点。

如果电子合同标的物是有形化的交付,则买方应在合同约定或法律规定的履行交付的地点接收该标的物。如果合同标的物是电子化的交付,由于交付地点是买方指定的信息处理系统,因此,买方有义务使其信息处理系统处于可接受卖方履行交付义务的状态并给卖方适当的通知。如果由于买方信息系统的原因使卖方无法履行义务或履行迟延,则卖方不承担责任。

（2）价金的支付。

价金的支付可以采用电子支付的形式。目前各大银行都开通了网上支付业务，通过电子资金划拨方式可以便利地完成网上支付。买方根据卖方提供的账号，通过计算机向银行文件转账系统发出指令，银行在核实买方的客户身份后，可从买方账户上划拨相应的资金至卖方账户。当然，当事人也可以采用传统的方式支付价金。

二、电子合同的违约责任

（一）违约责任归责原则

违约责任归责原则是关于违约方的民事责任和法律原则。合同违约的归责有两类：一种是过错责任原则，另一种是严格责任原则。

1. 过错责任原则

过错责任原则是指一方违反合同的义务，不履行和不适当履行合同时，应以过错作为确定责任的要件和确定责任范围的依据。过错责任原则包括两层含义：一是过错是违约责任的构成要件，只有合同当事人基于自己的过错不履行合同时才承担责任；二是当事人过错程度决定其责任的承担范围。故意违反合同承担的责任较过失违反为重，当事人在订立合同时不可预先免除故意违约责任。

2. 严格责任原则

严格责任原则是不论违约方主观上有无过错，只要其不履行合同，给对方当事人造成了损害，就应当承担合同责任。根据严格责任原则，在违约发生以后，确定违约当事人的责任，应主要考虑违约的后果是否因违约的行为造成，而不是违约方的故意和过失。《民法典》第五百七十七条规定："当事人一方不履行合同义务或者履行合同义务不符合约定的，应当承担继续履行、采取补救措施或者赔偿损失等违约责任。"这就是严格责任原则，即违约责任不以过错为归责原则或构成要件，除非有法定或约定的免责事由，只要当事人一方有违约行为，不管是否具有过错，都应当承担责任。之所以采用严格责任原则，是因为违约责任源于当事人自愿成立的合同，除了约定或法定的情况，必须受合同的约束，否则，不利于保障当事人的合法权益。电子合同作为合同的一种，其违约责任适用严格责任原则。当然，如果电子合同中没有约定违约金，对方也没有实际损失的，违约人也无须承担赔偿责任。

（二）违约责任的特征

违约责任是合同当事人一方不履行合同义务或履行行为不符合合同约定时产生的民事责任。

违约责任原则上是不履行合同义务或履行合同义务不符合约定或法律规定的一方当事人向另一方当事人承担的民事责任。

违约责任可以由电子合同当事人在法律规定的范围内约定。

违约责任是财产责任。

违约责任具有补偿性、惩罚性。

（三）违约责任的构成要件

1. 主体要件

违约责任是当事人违反有效合同后应承担的法律责任，所以凡是违约责任必然是当事人因不履行合同或不完全履行合同导致的法律后果。在电子合同中，违约责任的主体必然是有效合同的当事人，是有权独立主张自己利益和独立参加仲裁或诉讼活动的主体。主体资格是主体进行各种法律行为的前提条件，如果主体资格不合格或有缺陷，则合同无效，当然也就无所谓违约责任了。电子合同的主体可以是自然人，可以是法人，也可以是其他组织。其中自然人作为电子合同的当事人必须具有相应的民事行为能力，如果不符合《民法典》规定的关于民事行为能力的条件，应当由其法定代理人或监护人代为行使订立合同的权利，并承担相应的民事责任。法人作为电子合同的当事人必须具备相应的民事权利能力，即该法人的章程规定的其可以做某种合同行为的权利，其他组织作为电子合同的当事人同样需要具备相应的订约能力。

2. 违约行为

违约行为是指电子合同当事人没有按照合同约定的条件和时间履行合同的行为。违约行为包括作为的违约和不作为的违约。作为的违约是指义务人应当以自己的主动行为完成合同规定的义务，不作为的违约是指少数电子合同规定，合同的当事人应当以自己某些不作为的承诺作为合同成立的基础。例如，电子合同中对当事人的个人隐私进行保密的合同条款，其基本内容就是规定合同的信息必须保密，如果违反合同规定的条件泄露了需要保密的信息时，就可构成违约责任。

3. 主观条件

合同履行是一种客观事实，电子合同没有被履行或者没有被完全履行客观上使双方的权利不能实现，为了维护对方的合同权利，就要让违约方承担违约责任。《民法典》对当事人的违约责任适用严格责任原则，不论当事人主观上有无过错，只要违约行为造成损害即负违约责任。

（四）免责事由

免责事由分约定的免责事由和法定的免责事由。约定的免责事由即免责条款，指当事人双方在合同中约定的，旨在限制或免除将来可能发生的违约责任的条款。但是，免责条款的约定不得违反法律的强制性规定或社会公共利益。免除电子合同当事人的基本义务或排除故意或重大过失责任的免责条款为无效条款。法定免责事由主要是不可抗力。根据《民法典》规定，不可抗力是指当事人在订立合同时不能预见、不能避免并不能克服的事件。人们一般认为：不可抗力的构成要件包括该事件发生在订立合同之后，该事件是在订立合同时双方不能预见的，该事件在发生时不可避免、不能克服，该事件不是由任何一方的过失引起的。不可抗力是一种阻碍合同履行的客观情况。

《民法典》规定，因不可抗力不能履行合同的，根据不可抗力的影响，部分或者全部免除责任，但法律另有规定的除外。当事人延迟履行合同后发生不可抗力的，不能免除责任。根据不可抗力的影响，部分或者全部免除责任，是指如果不可抗力导致合同部分不能履行，就免除履行义务人的部分责任，如果不可抗力引起合同全部不能履行，就免除义务人的全部责任。当事人可以在合同中约定不可抗力的范围。不可抗力条款是对法律的不可抗力事件的补充，但不能违反关于不可抗力的规定。在当事人约定的不可抗力事件条款与法律对不可抗力的规定不一致时，当事人的约定往往无效。为避免争议，在签订电子合同的过程中，应设置免责条款，并对特殊情况下的违约行为提供抗辩理由。根据电子合同的特征，电子合同对下列事件约定可构成免责事由。

1. 文件感染病毒

文件感染病毒的原因是遭到恶意攻击，也可能是被意外感染。不论是何种原因，如果许可方采取了合理和必要的措施防止文件遭受攻击（例如，给自己的网站安装了符合标准和业界认可的保护设备，有专人定期检查防火墙等安全设备），但仍不能避免被攻击，由此导致文件不能使用或无法下载，应当属于不可抗力。

2. 非因自己原因导致的网络中断

网络传输中断，则无法访问或下载许可方的信息。网络传输中断可因传输线路的物理损害引起，也可由病毒或攻击造成，如果该情况发生，属于不能避免并不能克服的事件，可认定为不可抗力。

3. 非因自己原因引起的电子错误

例如，消费者购物，通过支付网关付款，由于支付网关的错误未能将价款打到商家的账户上，由此导致的违约应为不可抗力。

（五）违约责任的主要形式

违约责任是合同当事人因违反合同所应承担的继续履行、赔偿损失等民事责任。违约责任制度是保障债权实现及债务履行的重要措施，它与合同债务有密切的关系。合同债务是违约责任的前提，违约责任制度的设立又能督促债务人履行债务。《民法典》第五百八十三条规定："当事人一方不履行合同义务或者履行合同义务不符合约定的，在履行义务或者采取补救措施后，对方还有其他损失的，应当赔偿损失。"

当事人一方不履行合同义务或者履行合同义务不符合约定的，应当承担继续履行、采取补救措施或者赔偿损失等违约责任。在实际履行与赔偿损失这两种违约责任的关系上，我国法律采用的是两者可以并用的原则，因为法律设定这两种违约责任的目的是不同的。

1. 继续履行

继续履行，又称实际履行，是违约方承担违约责任的一种主要方式。在民法上称为强制实际履行或特定履行、依约履行。所谓继续履行，是指一方在不履行合同时，另一方有权要求对方继续履行合同义务，并可请求法院强制违约方按合同规定的标的履行义务，对方不得以支付违约金和赔偿金的方式代替履行。继续履行包括两层含义：一方面，在一方违约时，非违约方可以借助国家的强制力使违约方继续履行合同；另一方面，强制履行是指要求违约方按合同标的履行义务。从法律上看，继续履行具有如下特点。

（1）继续履行是一种补救方法。

继续履行和违约金、损害赔偿金等方法相比，更强调违约方应按合同约定的标的履行义务，从而实现非违约方履约的目的，而不仅仅强调弥补受害人遭受的损失，所以这种方法更有利于实现当事人订立合同的目的。

（2）是否请求实际履行是债权人享有的一项权利。

强制履行是有效实现当事人订约目的的补救方法，所以一般认为它是首要的补救方法。但是，在债务人不履行时，债权人有权解除合同，请求损害赔偿，也可以要求债务人实际履行。只要债权人要求实际履行，又有履行可能，债务人应实际履行。所以，在一方违约的情况下，债权人有权决定是否采取继续履行的补救措施。

（3）继续履行不能与解除合同的方式并用。

继续履行可以与违约金、定金责任和损害赔偿并用，但不能与解除合同的方式并用。如果债务人违约，债权人可以依据合同约定要求债务人支付违约金或适用定金罚则，如果给债权人造成损失的，还可以要求对方赔偿损失。在债务人有履约能力的情况下，债权人可以要求对方支付违约人或赔偿损失的同时，要求对方继续履行合同，但继续履行不能与解除合同的方式并用。因为解除合同旨在让合同关系不复存在，债务人也不再履行债务，所以它和实际履行是完全对立的补救方法，两者不能并用。

2. 采取补救措施

在货物买卖合同中，采取补救措施是指，义务人交付的标的物不合格，提供的工作成果不合格，在权利人仍需要的场合下，守约方可以要求违反合同义务的一方采取修理、重做、更换等补救措施。根据《民法典》规定，卖方交付货物的质量不符合约定的，受损害方根据标的性质及损失大小，可以合理选择要求对方承担修理、更换、重做、退货、减少价款或报酬的违约责任。同样，在将信息作为产品的情况下，原则上也存在这样的补救措施，即要求许可方或信息提供方更换信息产品或消除缺陷。

3. 停止使用或中止访问

返还财产是传统的违约救济方式之一，但在信息产品交易中，返还几乎丧失了意义。因为被退还的知识信息财产的载体，其信息内容可能仍然留存在持有人的计算机中。这时停止使用、中止访问具有特殊意义。只有停止使用才能保护许可方的利益。停止使用是指被许可方有违约行为，许可方在撤销许可或解除合同时请求对方停止使用并交回有关信息。停止使用的内容包括被许可方占有和使用的被许可的信息及所有的复制件、相关资料，被许可方不得继续使用上述产品。许可方也可以采用电子自助措施停止信息被继续利用，中止访问就是对信息许可访问合同的救济。当被许可方出现严重违约行为时，许可方可以中止其获取信息。

4. 损害赔偿

损害赔偿是指违约方用金钱补偿因违约给对方造成的损失，它是以金钱为特征的赔偿，是以支付损害赔偿金为主的救济方法。损害赔偿是各种违约责任制度中最基本的违约救济方式，是对违约行为的一种最主要的补救措施，也是各国法律普遍确定的一种违约责任方式。

损害赔偿具有以下法律特征。

（1）赔偿是因债务人违反合同产生的一种责任，合同关系是其存在的前提。

（2）赔偿是对违约的一种金钱补偿，主要弥补债权人因违约行为遭受的直接损害后果，不具有惩罚性。

（3）损害赔偿以赔偿当事人实际遭受的全部损失为原则，全部损失包括直接损失和间接损失。

当事人一方不履行合同义务或者履行合同义务不符合约定，给对方造成损失的，损失赔偿额应当相当于因违约所造成的损失，包括合同履行后可以获得的利益，但不得超过违反合同一方订立合同时所预见到或者应当预见到因违反合同可能造成的损失。这里的损失赔偿金额不得超过违反合同一方订立合同时预见或者应当预见到的因违反合同可能造成的损失，是指应当赔偿的损失是合理预见到的损失。合理预见要具备的条件包括以下几点。

（1）预见的主体是违约方。只有在已发生的 B2B 损失是违约方能够合理预见时才表明该损失与违约行为之间存在因果关系。

（2）预见的时间应当是在订立合同时。当事人在订立合同时要考虑风险，如果风险过大，当事人可达成有关限制条款来限制责任。如果要当事人承担在订立合同时不应当预见的损失，当事人会鉴于风险太大而放弃交易。

（3）预见的内容有可能发生的损失的种类及各种损失的大小。

如何界定"合理预见"在在线交易中的程度也是值得考虑的,人们一般认为,在线交易中合理预见的界定应考虑以下因素。

(1)合同主体。B2B 交易主体的预见程度较消费者交易高。

(2)合同方式。电子自动交易订立合同相对于在线洽谈方式订立合同预见程度要低。

(3)合同内容。信息许可使用合同比信息访问合同应有较高的预见要求。

拓展阅读

跨境电子商务合同纠纷管辖条款效力

1. 跨境电子商务合同纠纷管辖条款效力归谁

跨境电子商务合同效力纠纷属于合同纠纷形式的一种,所以适用于合同纠纷的管辖规定。《中华人民共和国民事诉讼法》(以下简称《民事诉讼法》)第三十五条:"合同或者其他财产权益纠纷的当事人可以书面协议选择被告住所地、合同履行地、合同签订地、原告住所地、标的物所在地等与争议有实际联系的地点的人民法院管辖,但不得违反本法对级别管辖和专属管辖的规定。"《民事诉讼法》增加了一个概念性的可供选择的法院,即与争议有实际联系地点的人民法院。

新修订的《民事诉讼法》中的协议管辖条款,是针对合同和其他财产纠纷而设立的。只要就合同纠纷订立管辖协议,可认定由该合同产生的违约纠纷和侵权纠纷均由所选法院管辖。其中增加的"与争议有实际联系地点的人民法院"应指与合同或者争议标的有实际上的连接点的法院。

2. 电子商务合同纠纷最快多久审结

根据《民事诉讼法》和相关的司法解释,对于普通合同纠纷,法院诉讼程序所需要的时间如下:

(1)起诉材料齐全的,法院可以当即立案受理;情况复杂的,法院可以在受案后 7 日内决定是否受理;材料不齐全的,法院要一次性告知需要补充的材料。

(2)立案受理后,通过普通程序审理的,法院应当在立案之日起 6 个月内审结,一般在立案后 2 个月内开庭审理;通过简易程序审理的,法院应当在立案之日起 3 个月内审结,一般在立案后 1 个月左右开庭审理。

因此，民事诉讼纠纷适用简易程序审理的，一般是在 3 个月内结案。如果比较复杂，适用普通程序审理的，就会在 6 个月内结案。

普通的电子商务合同纠纷适用于对合同纠纷的管辖规定，法院决定立案的，会下达立案通知书，并告知原告和被告庭审的时间和地点。对于用普通程序审理的合同纠纷案件，需要 6 个月的时间，对于用简易程序审理的纠纷案件，需要 3 个月的时间。

资料来源：律图

思考与练习

1. 什么是电子合同？
2. 简述电子合同对传统合同法的冲击与挑战。
3. 简述电子合同效力认定的相关法律问题。
4. 电子合同的违约责任有哪些承担方式？

案例分析

"洋码头"商品降价，售后退款遭拒

魏女士于 2019 年 12 月 22 日在"洋码头"店铺购买贝德玛卸妆水，在未发货的状态下，该商品迅速降价。于是，魏女士要求商家退款，重新购买，但商家拒绝退款。让魏女士想不到的是，在申请平台介入后，后台售后窗口被强制关闭，不予退款，并强制发货。对此，"洋码头"表示，"黑色星期五"期间，"买手"推出了限时限量低价抢购的店铺促销活动，促销商品价低于日常销售价。对于给用户造成的误解，"买手"已经进行解释，并退还了差价，让用户以限时抢购的价格购买商品。

问题：

1. 平台应如何处理魏女士提出的退款申请？
2. 平台商家应当为用户提供什么样的服务保证用户的权益？

第四章

跨境电子商务支付及风险防范法律制度

本章概要

跨境电子支付是跨境电子商务的核心环节，既涉及交易主体间资金转账的安全，又涉及投资者收益的回报安全。所以，跨境电子商务支付中的风险监管也自然成为该领域研究的重点问题，是现代商贸投资中风险安全保障制度的重要组成部分。跨境电子支付业务发生的外汇资金流动，必然涉及资金结售汇与收付汇。支付功能是完成整个跨境商品交易的最后一步。因此，了解跨境电子商务不同支付工具及相关法律问题，使支付便捷、多样化成为决胜"最后一公里"的关键。

学习目标

1. 通过本章学习，了解跨境电子支付、跨境电子支付系统。
2. 了解跨境电子商务不同的支付工具类型及使用中可能存在的问题。
3. 对跨境电子商务支付中出现的问题能做出准确的法律分析，了解其中的风险，具备风险防范和控制知识。

重点和难点

▶重点：掌握跨境电子商务支付工具的类型。
▶难点：掌握第三方支付跨境流程。

案例导入

一位在速卖通经营多年的商家在平台上第一次被客户钻了空子，造成钱货两空。

这位客户第一次买一批样品，货款共 600 美元。他用 PayPal 先付了 300 美元，说剩下 300 美元付到速卖通账上去。商家查看速卖通，确实有付款记录，就发货了。结果这次付款审核没通过，剩下的 300 美元就没收到。

由于工作比较忙，订单比较多，商家当时未仔细查看速卖通上的交易记录。速卖通也未主动通知商家，商家并未察觉到自己的损失。不久，此客户又买了 600 美元的货物，全部通过速卖通付款。这位商家，一看到老客户下单，热情服务，就把货物发过去了。后来，商家清账的时候，发现速卖通结的款少了大笔货款，仔细检查才发现这个客户的两次付款记录，全部审核没通过，可是货物已经发走了。

仔细推敲，该商家被骗有以下几个原因：客户第一次交易，因为通过 PayPal 收到钱了，所以商家自然不会想到客户打到速卖通账上的钱会被退回，就尽快发货了。商家没有重视速卖通的交易记录，没有每天去仔细查看。

商家有时会遇到信用卡被拒付的现象，此时应仔细甄别，小心应对，既要避免造成己方损失，也要避免处理不当，给消费者造成不愉快的购物体验。

第一节　跨境电子商务支付概述

跨境电子支付服务涉及企业、个人、银行及第三方支付机构等多个主体，典型的跨境电子支付服务方式包括网上银行支付服务和有第三方支付机构参与的电子支付服务。企业之间的大额资金跨境支付通常是通过网上银行支付服务系统完成的，交易者可以选择具有跨境网上银行服务的银行，也可以选择有跨境合作关系的不同银行；由于交易金额较大，有可能对银行构成流动性风险。在第三方支付机构参与的跨境电子支付中，买方需要将资金转移到其在支付机构的账户，委托支付机构管理，在确认收到货物时，委托支付机构支付货款，进行交易支付结算。在长期的支付服务中,第三方支付机构沉积了大量的资金,如果资金管理产生问题,就会给众多交易方带来损失。此外,跨境电子支付还要承担互联网或银行支付网络受到黑客或其他不法分子攻击而遭受损失的风险,在实践中出现了因银行身份认证过失而造成消费者财产受到侵害的案例。因此,安全性成为跨境电子支付服务关注的主要问题,识别电子支付中的风险,防范跨境电子支付中存在的风险并进行有效的风险监管,成为当今电子支付服务监管的重要内容。跨境支付的产生是以国际电子商务及国际间贸易的快速发展为基础的,而跨境交易需要国内外企业相互合作完成。

联合国国际贸易法委员会在1992年颁布的《国际贷记划拨示范法》第1条规定:"本法适用于任何发送银行和接收银行位于不同国家时的贷记划拨。"长期以来,该法被认为是界定跨境电子支付范围的核心规则。依据该条的定义,跨境电子支付的核心内容应当是发送银行和接收银行不在同一主权国家,包括分行和单独的办事处也被视为单独的银行。随着全球化的发展与深化,跨境电子支付的界定不应该局限于"银行的地理差异特征",而应结合支付体系相关主体,特别是第三方支付机构的特性,来界定跨境电子支付服务。

2012年12月,跨境电子商务服务试点工作全面启动,郑州、上海、重庆、杭州、宁波成为首批试点城市;2013年,广州和深圳也先后成为试点城市。2014年5月10日,习近平总书记视察郑州"e贸易"时,提出了"买全球、卖全球"的口号,为跨境电子商务的发展指明了方向。2014年7月以来,海关总署接连发布56号、57号文件,明确了跨境进口电子商务的合法地位。截至2020年年底,中国跨境电子商务试点交易额达到100.5亿元人民币,其中约29.1亿元人民币为跨境进口电子商务业务。

经过近十年的发展,第三方支付机构越来越多,服务范围越来越广泛,成为一个独立的行业,并以一种超乎寻常的速度扩展。2020年,中国跨境电子商务市场规模达12.5万亿元,同比增长19.04%。中国人民银行早在2010年6月,便出台了第三方支付管理办法,2011年5月,支付宝等27家企业获得支付牌照,消除了第三方支付的法律障碍。这是监管部门首次推出的和第三方支付相关的政策,它对第三方支付机构提出了更高的要求。第三方支付最大的成就还在于推动了互联网应用走向深入,改变了人们支付结算的方式。

一、跨境电子商务支付的概念

跨境支付指两个及以上国家与地区之间因贸易、投资及其他方面发生的国际间债务借助一定结算工具和支付系统实现资金跨国或跨地区转移的行为。通俗地讲，跨境支付就是中国消费者在网上购买国外商家产品或国外消费者购买中国商家产品时，由于币种不一样，就需要通过一定的结算工具和支付系统实现两个国家或地区之间的资金转换，最终完成交易。例如，中国消费者在网上购买外国商家产品时，由于币种不一样，需要通过结算工具和支付系统实现两个国家或地区之间的资金转换，最终完成交易。跨境电子商务支付是一种分属不同关境的交易主体，通过电子商务平台实现交易，并且进行支付结算，然后通过跨境物流送达商品，完成交易的一种国际活动。

第三方跨境支付机构是具有一定信誉和实力，且独立于商家和银行，为境内外的消费者提供有限服务的支付机构。第三方支付行业经过十几年的发展，已进入成熟期，开始在场景拓展上发力。一方面，随着国民收入的不断增加，民众对跨境电子商务、出国旅游和留学等跨境业务的需求也在不断增加；另一方面，政府相关部门针对第三方支付机构开展跨境业务放宽了监管要求，将跨境外汇支付试点业务拓展到全国，为第三方支付机构开展跨境支付业务创造了便利条件，跨境支付业务已成为第三方支付机构的新增长点。

目前，国内第三方支付机构主要通过与境外机构合作开展跨境网上支付服务，包括购汇支付和收汇支付两种模式。其中，购汇支付是指第三方支付机构为境内持卡人的境外网上消费提供人民币支付、外币结算的服务；收汇支付是指第三方支付机构为境内外商家在境外的外币支付收入提供的人民币结算支付服务。根据《非金融机构支付服务管理办法》的相关规定，其中的货币兑换和付款流程由其托管银行完成。

二、市场政策分析

2020年，我国跨境电子商务进出口总额为1.69万亿元人民币，同比增长31.1%。在2020年的"618"年中大促中，各大跨境电子商务平台纷纷参战，京东国际成交额同比增长110%，苏宁国际"618"当日开场2小时订单较去年同期增长128%。跨境电子商务作为新兴贸易业态，在全球新冠肺炎疫情冲击下呈现逆势增长态势，成为我国外贸发展新亮点。

在跨境电子商务活动全生命周期流程中，境内外消费者、跨境电子商务企业、支付机构、平台企业、物流企业等主体在线上及线下场景深度交织，形成诸多主体之间的数据交互关系。物流、信息流、资金流交叉频繁，资金流作为跨境电子商务业务的关键因素，为交易实现闭环提供了有力的保障。

目前，跨境电子商务进出口收款方式大致可归纳为两种：银行间直接支付与第三方支付机构间接支付。

（一）银行间直接支付

银行间直接支付指跨境电子商务平台与跨境买卖双方开设账户的商业银行直连，通过平台对接的银行入口进行支付结算。这种模式与传统的外贸企业收款模式并无本质区别。银行间系统直连能够从根本上保障支付数据的安全。

就跨境电子商务出口收款而言，银行间直接支付可细分为境外外币账户收款、境内经常项目外汇账户收款和跨境人民币账户收款。

1. 境外外币账户收款

境内商家可视自身情况，在境外开立外币账户，直接收取外币。该收款方式的优势在于，可以直接将外币留存境外使用，避免了一定的资金汇兑风险；不足在于，相比国内账户，境内商家在境外开立账户的手续相对烦琐（例如，在境外注册公司并向外汇管理部门提交申请审批）。另外，直接收取的外币货款若汇回境内使用，境内商家依然要受到国家外汇管理局的监管；即使留存境外的外币款项不受国内外汇管理部门的管制，仍可能存在因境外政策变动及境外司法纠纷而导致的被冻结、划扣等风险损失，境内的政策及司法保护难以顾及。因此，这一方式更加适合交易资金量已呈一定规模、境内外运作较为成熟的大型跨境出口电子商务。

2. 境内经常项目外汇账户收款

境内商家可根据自身经营情况，在境内银行开立单位或个人外汇账户。需要注意的是，开立个人外汇账户，个人结汇和购汇的年度总额分别有等值5万美元的限制。此种方式的优势在于，比开立境外银行账户更为简便，适用广泛，资金安全有保障，便于中小企业或个人开展跨境电子商务业务；不足在于，境内银行账户将受到严格的外汇监管限制（例如，纳入外汇核销管理，需要提供外汇核销单，跨境结算资金需进入待核查账户）。

3. 跨境人民币账户收款

通过设立此类账户，可获得境内外银行间直接的人民币结算业务，无须纳入外汇核销管理，跨境结算的人民币无须进入待核查账户，境内商家与境外消费者以人民币为交易币种，以人民币价格进行报关。此种方式将推动人民币国际化，避免汇率波动风险。

（二）第三方支付机构间接支付

第三方支付机构在跨境电子商务零售进出口业务模式中是指根据中国人民银行《非金融机构支付服务管理办法》的规定取得支付业务许可证、在收付款人之间作为中介机构提供全部或部分货币资金转移服务的非银行机构，如支付宝、QQ钱包等。

这种模式背后的资金流和信息流颇为复杂。简而言之，第三方支付机构在对应的银行有一个专用的备付金账户，境外消费者付款后，货款先到达第三方支付机构的上述专用备付金账户，消费者确认收货之后第三方支付机构再从备付金账户里打款给境内商家的账户。例如，阿里巴巴开发的速卖通平台绑定了第三方支付机构——国际支付宝。

第三方支付机构解决跨境电子商务平台单独对接各银行的难题，降低了平台开发成本及平台使用费率，为用户提供了更加友好的跨境支付操作界面，而且可以在消费者和商家的交易中发挥货款监管的作用。因此，第三方支付机构通道是目前大多数跨境电子商务出口平台境内商家使用的收款模式。

目前，外贸企业跨境收款流程仍较为烦琐，货款需经过多个金融组织与银行之间的流通、交易、合规、结算和风控等中间环节，拉长了货款回流周期，增加了企业的资金占用，降低了资金周转效率，增加了经营风险。

跨境电子商务支付结算费率较高，第三方支付机构的结算收费项目主要包括提现手续费与汇兑损失，部分支付机构还设置年费、到账费用等项目，增加了外贸企业的收款成本。

随着跨境电子商务的快速发展，跨境支付的重要性将愈加凸显，这是跨境出口电子商务的核心利益所在。不同跨境支付方式适用的平台和使用范围不同，手续费、交易时间、支付流程、数据风险及合作门槛等都存在差异。跨境人民币支付、数字人民币业务逐渐成熟，也为跨境电子商务支付提供了新思路。同时，数据安全问题也是跨境电子交易主体在进行商务活动时的"达摩克利斯之剑"。各交易主体要结合这些支付形式各自的优缺点和适用条件，从自身情况出发选择合适的跨境支付方式。

三、跨境电子商务支付现状

（一）我国跨境电子商务发展迅速

由于我国电子科技发展各方面的原因，我国跨境电子商务及支付外汇交易的起步相对较晚，但已经成为发展速度最快的国家之一，国内支付机构国际结算得到了飞速发展。随着网上海外代购群体及小额进出口业务的不断增加，海外经济主体对我国跨境电子商务逐渐有了广泛的认可和好评，促进了我国跨境电子商务及支付外汇交易的发展。在这种背景下，我国跨境电子商务小额出口业务在2020年有了惊人的增长，此后增长势头始终不减。随着居民消费能力增强，境外电子商务网站纷纷与国内第三方支付机构合作，积极开展跨境支付业务，以迎合中国民众的消费需求。

（二）跨境电子商务及支付成为企业新的盈利点

2011年，凯捷咨询公司、欧洲金融市场协会及苏格兰皇家银行曾联合发布《2011年全球支付报告》，指出全球电子支付交易额在2019年将达到20万亿美元。从2019年的实际情况来看，远超过预计的20万亿美元，比2017年的交易金额多出近3倍，国内涉外经济主体对外贸电子商务如此巨大的发展和盈利空间开始关注。各种统计数据表明，从2008年起，跨境电子商务及支付细分领域占比不断扩大，促使电子商务和支付领域发生了巨大的变化，国内电子商务及支付占比不断下降。面对国内的电子商务及支付现状，跨境电子商务及支付将变成电子商务及支付的下一个争夺点，成为企业新的盈利点所在。

（三）跨境电子商务支付结算方式呈现多样化的特点

从当前支付业务发展的现状来看，我国跨境电子商务支付结算的方式已经趋向多样化。跨境电子商务支付结算方式分为两种，一是跨境支付购汇方式，二是跨境收入结汇方式。在跨境支付购汇方面，除第三方购汇支付外，还包括境外电子商务平台接受人民币支付等方式。我国每年数百亿美元规模的跨境第三方支付市场主要由美国 PayPal 等境外支付机构占据。

大量跨境电子商务企业在境外开立账户收取货款，并通过个人分拆结汇等方式，让资金流回境内。境外支付机构对国内外贸企业不仅收费高，而且管理严苛，在发生纠纷时普遍偏袒境外持卡人。因此，扶持我国自有支付机构拓展跨境业务，对于促进我国跨境电子商务和第三方支付市场的健康发展具有重要意义。

（四）第三方购汇支付

第三方购汇支付，主要指境内持卡人的境外网上消费可以通过第三方支付机构提供的用人民币支付和外币结算的服务。在跨境电子支付方式中，第三方支付机构因其便捷性而受到网民的青睐，成为最重要的支付手段。2013 年，以支付宝、财付通、银联、汇付天下、通融通为代表的 17 家国内第三方支付机构首批取得跨境电子支付的试点资格，国内第三方支付机构开始广泛介入跨境电子商务的交易活动中。这些第三方支付机构可以收集小额电子商务交易双方的外汇资金需求，通过银行集中办理结售汇业务。

（五）第三方跨境支付流程

第三方跨境支付资金出境流程如图 4-1 所示。

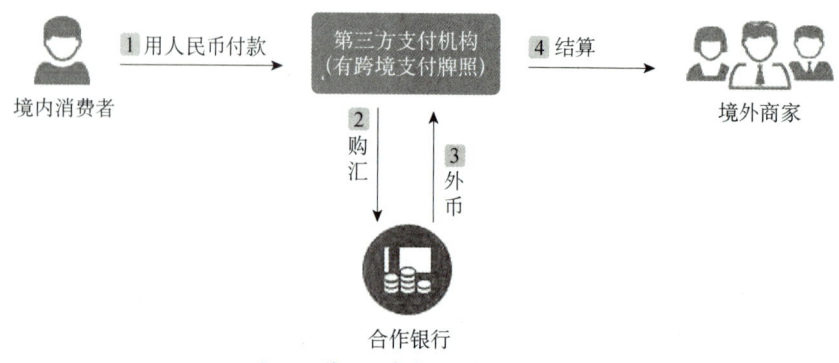

图 4-1　第三方跨境支付资金出境流程

第三方跨境支付资金入境流程如图 4-2 所示。

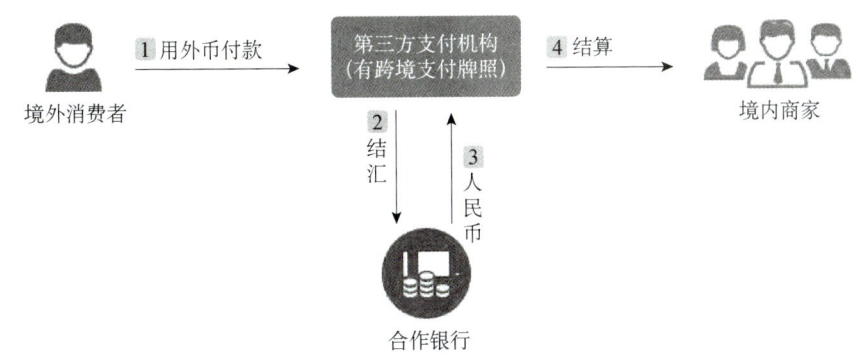

图 4-2　第三方跨境支付资金入境流程

境内消费者在境外购物支付详细流程如图 4-3 所示。

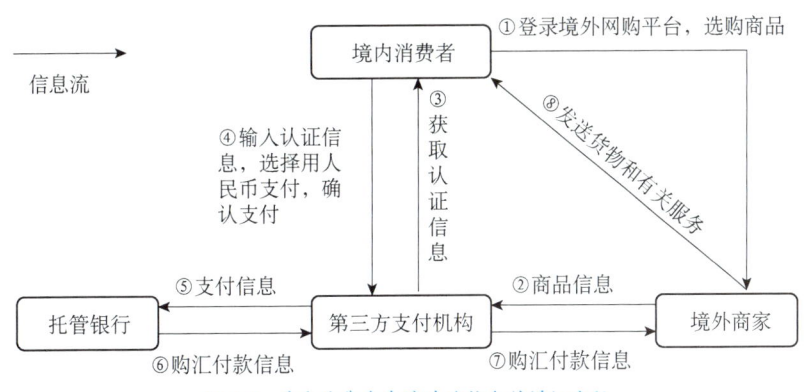

图 4-3　境内消费者在境外购物支付详细流程

（1）境内消费者登录境外网购平台，确定要购买的商品或服务，并下订单。

（2）境外商家将消费者的订单，即商品消息，发送给第三方支付机构。

（3）第三方支付机构获取境内消费者的认证信息。

（4）境内消费者输入认证信息并选择用人民币支付，然后确认支付。

（5）第三方支付机构将支付信息发给托管银行。

（6）第三方支付机构接收托管银行的购汇付款信息。

（7）境外商家收到第三方支付机构的购汇付款信息。

（8）境外商家向境内消费者发送货物和有关服务。

以上过程看似烦琐，但所有信息都通过网络传输与计算机识别，速度很快，购物者感觉不到其中的具体环节。

在跨境电子商务中，境内外交易双方互不见面，第三方支付机构的参与有效地解决了交易双方信用缺失的问题。其支付流程大致为：买方先将人民币（外币）资金支付给支付机构，支付机构在买方确认付款或经过一定时间默认付款后，通过合作银行代为购汇或结汇，支付给卖方。也就是说，支付机构成为跨境电子商务结算双方之间的中介，这与传统国际贸易中买卖双方直接通过银行进行结算有着明显的区别。

（六）推广跨境人民币结算

2014年，《国务院办公厅关于支持外贸稳定增长的若干意见》及中国人民银行《关于支持外贸稳定增长的若干意见》中均提出支持"推进跨境贸易人民币结算"与"跨境电子商务促进外贸增长"的内容。第三方支付机构开展跨境贸易人民币支付业务有三个原则：一是跨境电子商务平台的境外商家愿意接受人民币结算；二是境外银行愿意帮助第三方支付机构开立人民币账户；三是境外消费者愿意使用人民币。

跨境支付一般是以外币结算的，人民币跨境支付则是以人民币结算的，这样省去了币种兑换，缩短了支付周期。以前要十几天才能完成的整个付款流程，用人民币结算只需三天，同时避免了货币汇兑的汇差损失。

总之，跨境电子支付扩大了人民币的结算范畴，跨境电子商务领域人民币结算量的不断上升，对加快人民币国际化具有正向促进作用。

第二节　跨境电子商务支付工具

电子支付作为电子商务的重要组成之一，主要是指电子商务支付机构通过采用规范的连接器，在网上商家和银行之间建立起连接，从而解决从消费者到金融机构、商家现金的在线货币支付、现金流转、资金清算、查询统计等问题。目前，全球主要电子商务支付模式有四种，分别是银行卡组织模式、第三方支付模式、网银支付模式和直接借记模式。

一、跨境电子支付结算方式分类

在电子支付中，用于跨境电子支付结算的方式多种多样。跨境电子支付业务发生的外汇资金流动，必然涉及资金结售汇与收付汇。从目前支付业务发展的情况看，我国跨境电子支付结算的方式有以下两大类。

（一）跨境支付购汇方式

1. 第三方购汇支付

第三方购汇支付主要指第三方支付机构为境内持卡人的境外网上消费提供人民币支付、外币结算的服务。其中一类是以支付宝公司的境外收单业务为典型的代理购汇支付，另一类是以好易联为代表的线下统一购汇支付。两种购汇支付方式的主要区别为：在代理购汇类型中，第三方支付机构只是代理购汇的中间人，实际购汇主体仍是客户；统一购汇支付则以支付机构名义，在电子平台后方通过外汇指定银行统一购汇，购汇主体为第三方支付机构。

2. 境外电子商务平台接受人民币支付

境外部分电子商务企业为拓展我国电子商务市场，特别是一些支付机构为分享我国电子支付利润空间，同意使用我国银行卡办理人民币跨境电子支付业务。

3. 通过国内银行购汇汇出

通过国内银行购汇汇出指境内客户以银行网银支付方式直接购汇汇出。

（二）跨境收入结汇方式

1. 第三方收入结汇

第三方支付机构为境内企业收到跨境外币提供人民币结算支付服务，即第三方支付机构收到境外消费者支付的外币货款后，集中到银行办理结汇业务，再付款给境内商家。第三方支付机构收入结汇方式与购汇支付方式的信息流相同，如图4-4所示。

2. 通过国内银行汇款

通过国内银行汇款，以结汇或个人名义拆分结汇流入。此种流入方式可分为两类：一类是有实力的公司采取在境内外设立分公司，通过两地公司间资金转移，实现资金汇入境内银行，集中结汇后，分别支付给境内生产商或供货商；另一类是规模较小的个体商家通过在境外亲戚或朋友收汇后汇入境内，再以个人经常项下名义结汇。

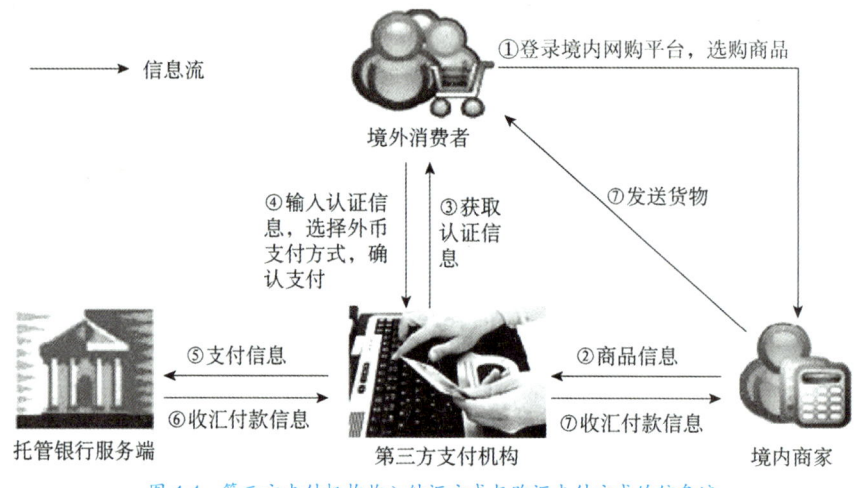

图 4-4 第三方支付机构收入结汇方式与购汇支付方式的信息流

跨境电子商务涉及跨境转账，不同的跨境收款方式差别很大，有着不同的金额限制和到账速度，而且都有各自的优缺点和适用范围。那么在这种情况下，就要根据自身情况选择适合自己的收款方式，以下对 16 种跨境收付款方式分别做出盘点。

二、线上跨境支付方式

（一）信用卡

信用卡是欧美最流行的支付方式，用户群非常庞大。不过，商家接入国际信用卡收款较麻烦，且需预存保证金。信用卡收款费用高，而且黑卡很多，存在拒付风险。

很多跨境电子商务平台支持国际信用卡支付。国际上有五大信用卡品牌——

Visa，Mastercard，America Express，JCB，Diners Club，其中前两个使用较广泛。

（二）PayPal

PayPal 与支付宝类似，在国际上知名度较高，是很多国家的客户常用的付款方式。在理想情况下，商家通常希望能在发货前收到货款，而消费者则希望在收到货物后再付款。这个问题在跨境交易中显得尤为突出，因为货物寄送至消费者手中要花费更长的时间。而更长的运输时间意味着商家需要承担更高的现金流风险和消费者拖欠货款的风险。

不同于传统银行汇款和一些第三方支付机构在消费者收货确认后才会向商家汇款的运营方式，PayPal 在订单生成时便会向商家及时放款。

PayPal 的交易费用主要由商家提供，而且账户容易被冻结，这是其缺点。

PayPal 适合跨境电子商务零售行业，从几十美元到几百美元的小额交易。

（三）CashPay

CashPay 可选择提现币种，其安全性高，有专门的风险控制防欺诈系统。

CashPay 刚进入中国市场，在国内知名度不高。

（四）Moneybookers

Moneybookers 免手续费，提现时，会收取少量费用。

其优点是安全，以电子邮箱为支付标识，不需要暴露信用卡等个人信息；只需电子邮箱地址，就可以转账。

利用 Moneybookers，可以通过网络实时收款和付款。

其缺点是不允许多账户，一个用户只能注册一个账户。

目前，Moneybookers 不支持未成年人注册，需年满 18 岁才可以注册。

（五）Payoneer

Payoneer 是一家总部位于纽约的在线支付机构，主要业务是帮助合作伙伴将资金发放到全球，同时为全球客户提供美国银行与欧洲银行的收款账户，用于接收欧美电子商务平台和企业的贸易款项。

使用中国身份证即可完成 Payoneer 的在线账户注册，并自动绑定美国银行账户和欧洲银行账户。国内商家也可以像欧美企业一样接收欧美公司的汇款，并通过 Payoneer 和中国支付机构的合作，完成线上的外汇申报和结汇工作。

Payoneer 适合单笔资金额度小、客户群分布广的跨境电子商务网站或商家。

（六）ClickandBuy

ClickandBuy 是独立的第三方支付机构。商家收到 ClickandBuy 的汇款确认后，在 3~4 个工作日内会收到货款。每次交易金额最低 100 美元，每天最高交易金额为 1 万美元。

（七）Paysafecard

Paysafecard 购买手续简单而安全。除线上支付外，它还是欧洲游戏玩家的网游支付手段。用户需要输入 16 位账户密码完成付款。要开通 Paysafecard 支付，需要有企业营业执照。

（八）WebMoney

WebMoney 是俄罗斯主流的电子支付方式，在俄罗斯各大银行均可自主充值和取款。

（九）CashU

CashU 隶属于中东门户网站 Maktoob，主要被用于支付在线游戏、电信和信息技术服务费用，以及实现外汇交易。CashU 允许使用任何货币进行支付，但该账户将始终以美元显示你的资金。CashU 现已为中东和独联体广大网民使用，是中东和北非地区运用最广泛的电子支付方式之一。

（十）LiqPay

LiqPay 是一个小额支付系统，一次性付款不超过 2 500 美元，且立即到账，无交易次数限制。LiqPay 用客户的移动电话号码作为标识。账户存款是美元，如果你存另一种货币，LiqPay 会根据其内部汇率折算。

（十一）Qiwi Wallet

Qiwi Wallet 是俄罗斯最大的第三方支付工具，其服务类似支付宝。该系统使客户能够快速、方便地在线支付水电费、手机话费及网购费用，还能用来偿还银行贷款。

（十二）Neteller

Neteller 是在线支付解决方案的领头羊。它可以免费开通，你可以把它理解成一种电子钱包，或者一种支付工具。

三、线下跨境支付方式

（一）电汇

电汇即通过电报办理汇兑业务，买卖双方各自承担所在地的银行费用，具体费用根据银行的实际费率计算。

其优点是收款迅速，几分钟便可以到账。通过电汇，先付款后发货，能够保证商家利益不受损失。

其缺点是，先付款后发货，买方容易产生不信任的心理。用户量少，限制了商家的交易量。

买卖双方都要支付手续费，而且费用较高。

电汇是传统 B2B 付款常用的方式，适合大额交易付款。

（二）西联汇款

西联汇款是世界上领先的特快汇款方式，可以在全球大多数国家汇款和提款。

西联汇款手续费由消费者承担，需要买卖双方到当地银行实地操作。在商家未收款时，消费者随时可以撤销资金支付。

其优点是到账速度快；手续费由消费者承担，对于商家来说很划算；可先提钱再发货，安全性高。

不过，由于对消费者来说风险极高，消费者不易接受这种方式。消费者和商家需要去西联汇款公司线下的柜台操作，手续费较高。

西联汇款适合 1 万美元以下的中等额度支付。

（三）MoneyGram

MoneyGram，中文称"速汇金"，在全球197个国家和地区拥有总数超过30万个代理网点。收款人凭汇款人提供的编号即可收款。国内有工商银行、交通银行、中信银行、中国银行等代理速汇金收付款业务。

速汇金费率如表4-1所示。

表4-1　速汇金费率

汇率金额	手续费
400美元以下	10美元
400～500美元	12美元
500～2 000美元	15美元
2 000～5 000美元	25美元
5 000～10 000美元	33美元

速汇金的优点是汇款速度快，十几分钟即可到账。汇款金额不高时，费用相对较低，无中间银行费用，无电报费用。手续简单，无须填写复杂的汇款路径，收款人无须预先开立银行账户。

它的缺点是：汇款人及收款人均必须为个人；必须为境外汇款；客户如持现钞汇款，还需交纳一定的现钞变汇的手续费。

（四）香港离岸公司银行账户

商家在香港开设离岸银行账户，接收海外消费者的汇款，再将资金从香港账户汇到内地账户。

香港离岸公司银行账户接收电汇无额度限制，不需要像内地银行一样，受到5万美元的年汇额度限制。不同货币可以自由兑换。

不过，香港银行账户的钱还需要转到内地账户，较为麻烦。

这种方式对传统外贸及跨境电子商务都适用，适合已有一定交易规模的商家。

总体来说，信用卡和PayPal是目前使用最广泛的国际网购支付方式。一些有地域特色的支付方式，如俄罗斯的WebMoney、Qiwi Wallet，中东和北非的CashU，主要做这些地区生意的商家，可以考虑开通这些收款方式。

第三节 跨境电子商务支付法律风险及防范对策

一、跨境电子商务支付风险

跨境电子商务行业不仅意味着巨大的商机和潜力,也存在着比线下市场和国内电子商务交易更复杂和棘手的交易风险问题,尤其在支付方面,交易主体信息的真伪、交易汇率的浮动等都可能导致支付风险。有效应对这类新型风险需要防患于未然,事先了解在线跨境交易中可能存在的支付风险和解决方案,以便及时搬开这块"绊脚石"。

(一)信息审核风险

跨境电子商务是跨境贸易领域的新业态,行业规则和法律法规未成熟,导致支付机构应承担的职责不明确。在国家还未出台有效法律法规前,支付机构会追求利益最大化,省去缺乏规定的会耗费一定成本的程序,可能采用低成本的信息技术未审核客户的身份信息,而放弃高成本的大数据信息技术实现核查环节,跨境贸易主体可能利用技术漏洞伪造个人身份信息,导致虚假主体身份信息泛滥。境内外个人和机构可能以服务贸易或虚假货物贸易来转移外汇资金,也可能以分拆的形式逃避国家外汇管理局的监管,导致部分非法人员利用境内消费者的身份通过支付机构将境内大批量的资金转移到国外。

(二)汇率变动风险

在客户付款后商家收到货款前,汇率随着市场的变化而有所波动,汇率的变动直接关系到资金的实际购买力。支付机构在收到资金后,一般在下一个工作日集中结售汇。当消费者对货物不满意时,在货物退回商家的过程中,购物资金存在着兑换不足额的风险。例如,某境内客户在付货款时的货物标价是100美元,相对应的美元现汇买入价是617.79元。一段时间后,在收到货物时,客户对该货物不满意,准备退货。此时美元现汇买入价是610.35元,那么客户买100美元的境外货物就损失了7.44元。该过程说明境内客户在购买境外商品时存在着汇率变动的风险,在一定程度上影响了境内客户的海外购物积极性。

(三)监管缺少风险

跨境支付业务已有一定的发展规模,但各支付机构的规模、经营合规化程度、技术成熟度不一样,导致业务发展混乱。业务办理流程、国际收支统计申报、风险控制等运营方案没有统一的标准。合作银行与支付机构向国家外汇管理局呈报的信息还没有成熟的口径。客户外汇备付金账户是专门用于办理跨境外汇业务的,在一定工作日内,当外汇备付金账户的资金积累到一定额度时,支付机构有动用账户资金的倾向,提取账户内的现金进行短期存款或短期投资来获取利益。也就是说,在跨境贸易的过程中,客户外汇账户存在备付金被挪用或者损失的风险。

(四)网络支付风险

数据表明,当前存在的各类网络支付安全问题直接制约着跨境贸易的发展,支付宝账户被盗、跨境支付资金无意间被转走、木马和钓鱼网站的泛滥等互联网问题影响了境内消费者的境外购物体验。跨境支付对支付信息的审核有着更高的要求,支付的时间也较长,间接加大了支付的风险。通过互联网渠道的跨境资金支付风险严重阻碍了跨境贸易的推广,境内客户可能面临个人隐私信息被窃取、银行卡被盗用的风险。跨境外汇支付是跨境电子商务贸易的关键一步,因为它涉及交易双方资金的转账安全。在交易数据传输的过程中,可能因信息故障或系统崩溃而导致支付信息丢失。另外,一些非法人员利用钓鱼网站或其他计算机技术盗取支付账户和相关信息,会对交易方造成巨大的损失。

在亚洲,网络欺诈屡见不鲜。2013年,Sophos公司发布的网络安全报告显示,亚太地区的企业及消费者更容易受到网络危害和骚扰;在全球最易受网络犯罪侵袭的十大城市中,亚洲城市占得8个席位,中国更被列为第二大具有高风险级别的国家。

精密的网络欺诈预防机制和工具已被全球广泛采用,以预防个人信息及信用卡被盗用等问题。然而,采用不同的网络欺诈预防机制往往会产生不同的防范效果。因此,选择一款安全可靠的在线支付工具成为降低跨境交易风险的重要环节。

商家可以自己采取一些措施来鉴别是否是因为信用卡被盗或账户被盗而产生的欺诈交易,如通过搜索引擎的IP地理定位服务跟踪并核实消费者的送货地址。

交易存根、建立消费者黑名单、限制消费者购买条件和通过电话核对消费者信息都是有效的防范手段。此外，商家需要紧密监测和核实收货地址为高欺诈风险国家的订单、付款后提出变更收货地址的要求、邮寄至同一地址的多个订单和由于超额支付而提出的电汇退款申请，以及其他可疑现象。

（五）第三方机构跨境支付可能产生的外汇问题

首先，外汇管理制度中存在第三方支付机构定位不明确的问题。在主体参与跨境支付的业务中，第三方支付机构只是承担了部分类似银行的外汇处理职责，但从性质上考虑，第三方支付机构并不是金融机构。也就是说，第三方支付机构的法律定位太低，如何从法律角度去明确第三方支付机构的外汇管理是亟待解决的问题。

其次，传统的外汇管理制度面临挑战。一方面，外汇的收和支两个系统的统计存在问题。因为传统外汇管理制度只涉及银行和当事主体，监管机构可以及时、有效地进行相关方面的统计，但在跨境支付领域中，第三方支付机构的定位是跨境交易的收款方和付款方。交易资金将在第三方支付机构中大量沉淀，时间持久，不仅会产生资金安全的问题，还会影响到国际机构对外汇统计的问题。另外，跨境支付通过信息渠道来完成交易和传递交易信息，缺少以前采纳的书面凭证，这将在某个方面增加监管机构对交易真实性把握的难度。

除以上积累问题，对于非预期损失——退单，要多加留心。退单是指消费者通过发卡行撤销订单付款。造成退单的原因多种多样，以下是一些常见类型。

（1）消费者声称未收到物品。

（2）消费者声称收到的实物与商家的描述显著不符，或者收到时物品已损坏。

（3）消费者声称并未授权进行该笔交易，他们的身份或信用卡被盗用。

如果商家积极回应消费者的反馈，提供明确的退货政策，或在适当情况下在消费者发起退单申请前就已开始处理退款要求，一些退单是可以避免的。倘若消费者声称未授权交易而产生退单，选择一个合适的支付工具则显得尤为重要。例如，在PayPal的商家保障政策下，商家不必承担由未授权交易引起的退单损失。

二、跨境电子商务支付风险防范对策

针对跨境贸易中主体的信息审核、支付交易的汇率变动等潜在风险问题，从第三方机构和监管机构的角度考虑，提出如下具有建设性的对策和建议，尽早发现跨境支付漏洞和支付风险，保证跨境电子商务顺利进行。

（一）履行审核责任，保证交易真实性

支付机构在信息审核方面，应严格按照国家外汇管理局及中国人民银行的有关指导意见认真核查跨境支付业务中参与者的身份和交易信息，增加与交易直接参与者的信息交互环节，并留存客户和商家相关信息5年备查，确保参与者身份的合法性和真实性，防止出现同一个体操控境内客户和境外商家的现象。地方外汇管理分局应定期抽查审核交易方的身份信息，对于未按规定办事的支付机构给予相应的处罚。另外，支付机构应及时并准确地将相关业务信息和数据上报给有关机构，履行对交易真实性的审核职责。地方外汇管理分局应对参加跨境试点业务的支付机构开展现场和非现场核查，并制订可实施的方案，长期对支付机构进行监管，对违反相关规定的支付机构限制交易额度，情节严重的吊销其支付业务资格。在支付机构与国家外汇管理局之间增加一个逆向的交互环节，保证参加试点业务的支付机构能及时地提交身份信息审核结果。

（二）把控汇率风险，减少支付损失

支付机构不可自行变更汇率计算价格，而应按照中国人民银行提供的汇率标价为客户结售汇，保证境内客户在支付货款时不受支付机构差异的影响。另外，由于交易过程中汇率等因素的变动会影响货款资金的购买力，支付机构为保证客户及自身合法权益，应事先与客户在货物退款、服务手续费等方面涉及汇兑损益的情况达成协议。为避免货物退款后相互仍保持合作关系，应增加合作商讨业务，保证支付机构在获取订单信息的同时，与境内客户达成汇率兑换协议。在关于汇率的法律法规方面，首先应确立第三方支付机构自身的管理职责。在外汇管理法律法规中赋予该类机构在跨境支付中的监管责任。其次，要完善跨境支付业务中的外汇统计制度，把检测信息和外汇信息统计相联系，强化内外的监管机制，同时落实责任追究制度，保障跨境支付有序进行。最后，要建立审查制度，针对异常的情况和交易账户给予预警。这里要求处理跨境支付业务的第三方机构应具备真实物品和虚拟物品隔离的管理机制，对不同的交易信息分类管理，并定期向国家外汇管理局或中国人民银行等监管机构汇报情况。另外，还应在国家外汇管理局的协调下，与市场监督

管理部门、海关合作,建立跨境贸易共享平台,使对跨境交易的信息监测更加准确和细化,减少支付风险,为我国尽早进入人民币国际化轨道提供有力的保障。

(三) 审慎监管业务,把控风险方向

国家外汇管理局在总体上制定统一的标准,各地分局因地制宜,设计适合本地区发展的业务运营方案,来促进跨境贸易的发展壮大。另外,监管机构应规范不合规的操作流程和相应的业务,为境内外客户和商家提供更好的服务,为跨境电子商务提供一个健康、有序的运营环境。此外,建议增加监管审查业务,即监管部门应实时了解客户外汇备付金账户的明细,对于大额度的收支信息进行跟踪,保证资金交易的合法性,限制备付金账户的收支范围。支付机构在未取得国家外汇管理局审批时不得存入或提取现金,如果在经营方面存在亏损的,可先向国家外汇管理局上报情况,待批准后,通过自有外汇备付金账户补充外汇。

(四) 加强技术研发,保障支付安全

支付机构处于跨境贸易的核心位置,是跨境交易参与者的中介,为保障交易的安全,应加大技术研发力度,提升跨境支付的网络安全技术,如开发可以精确验证参与者身份信息的系统、对跨境支付的数据信息进行加密、利用当前先进的大数据及云技术对跨境交易的参与者进行信用等级划分,并在后续的交易中对等级低的客户和商家着重考量,为境内外客户提供更加安全、有保障的购物网络环境,赢得更多参与者的信赖。此外,监管机构应定期检查跨境购物的网络环境,加大对跨境支付安全的违法处罚力度,为境内消费者营造一个和谐的跨境消费氛围。

(五) 完善法规制度,保障高效服务

首先,需要确立监管职责,跨境支付业务属于电子支付监管领域,也是该组织的监管组成部分,如果想要实现跨境支付的高效监管,需设计电子支付监管模式。在第三方监管上,美国和欧盟的监管模式,均依赖各自的传统监管体系。我国对跨境支付的监管,因该服务的特殊性,应完善分类监管机制。我国的监管模式是中国人民银行针对支付整体风险和电子支付风险采取的,以强化宏观监管的职能,克服分业监管的弊端,也可以弥补没有区分非金融机构和金融机构的缺陷。另外,需完善非金融机构的服务框架和机制。一方面应加强部门立法工作,由中国人民银行、

国家外汇管理局和中国银行保险监督管理委员会等监管机构共同研究并出台关于非金融机构的服务管理法规，详细拟订各项管理规定，使其内容涵盖跨境电子支付的含义、监管技术、监管程序等风险控制措施。另一方面，落实支付机构资金管理和信息管理的程序原则，并进行信息披露，允许境内消费者进行判别。

我国没有制定统一的跨境电子商务法，现有的相关法律法规，主要是《民法典》《电子商务法》《涉外民事关系法律适用法》《互联网信息服务管理办法》《网络商品交易及有关服务行为管理暂行办法》及《第三方电子商务交易平台服务规范》等。这些法律法规解决了一些问题，但从长远看来，为了更好地规范跨境电子商务活动，需要制定一部专门的《跨境电子商务法》。跨境电子商务的多个环节和多个法律关系目前仍处于需要法律调整的真空地带。

跨境转账汇款的渠道主要有第三方支付机构、商业银行和专业汇款公司。第三方支付机构往往能满足用户对跨境汇款便捷性和低费率的需求。为支持跨境电子商务支付业务，国家外汇管理局发布《关于开展支付机构跨境外汇支付业务试点的通知》。该通知内容主要有五点：一是在全国范围内开展支付机构跨境外汇支付业务试点工作。二是提高跨境支付限额，将跨境交易单笔支付限额提高至5万美元。三是对于备付金收付，允许轧差结算。四是不再对备付金合作银行及备付金账户数量进行限制，有利于促进支付机构与更多银行开展跨境外汇支付试点业务。五是强调严格管控风险，支付机构要定期报送相关业务信息，并要求对客户身份真实性审查，信息需要留存五年，以备查询。可以说，国家在放宽境外支付的同时，加强了对跨境交易的管理。

拓展阅读

2021年跨境支付值得回味的十个利好消息

在2022年开局的第一周，中国人民银行发布了《中国人民银行关于支持外贸新业态跨境人民币结算的通知（征求意见稿）》，将支付机构业务办理范围由货物贸易、服务贸易拓展至经常项下。这可谓新年跨境支付的第一个重大利好消息，值此辞旧迎新之际，让我们回顾一下2021年那些利好跨境支付的消息。

1. 经常项的探索与开放

将支付机构业务扩大到经常项下算是最新的利好，但其实在2021年的其他政策文件中,已或多或少地指明了将支付机构的展业范围扩大到经常项的要求。

2021年12月,中国人民银行等八部委联合发布了《成渝共建西部金融中心规划》,该规划就指明探索非银行支付机构稳妥拓展非现金支付应用领域,方便真实合规的经常项下交易跨境支付。在这一背景下,2022年的跨境支付必然会有更大的想象空间。

2. NRA 账户展业范围扩大

2021年6月,国家外汇管理局宣布,NRA账户结汇业务在北京自贸试验区成功落地。此项试点政策允许注册且营业场所均在试验区内的银行为境外机构办理其境内外汇账户结汇业务,将自贸试验区内银行网点办理结汇业务范围扩大到境外机构,支持境外机构境内外汇账户资金享受在岸结汇汇率。

所谓NRA账户,就是境外机构在中国境内银行业金融机构开立的人民币银行结算账户。NRA账户允许境内银行为境外机构办理其境内外汇账户结汇业务,让跨境支付交易更加便捷。

《成渝共建西部金融中心规划》也支持使用NRA账户办理境外项目人民币贷款,NRA账户在未来会有更多的跨境支付想象空间。

3. 数字人民币跨境支付新进展

数字人民币的跨境支付试点一直是行业关注的焦点。2021年3月,中国香港居民可以在深圳使用数字人民币。彼时,香港金融管理局官员表示,金管局正在测试使用快速支付系统——"转数快",帮助数字人民币移动支付充值,已完成第一阶段测试,第二阶段将会扩大参与银行范围。

此外,数字人民币有希望改变现有国际跨境支付体系。基于数字货币的多边央行数字货币桥项目也在这一年有了新进展,中国人民银行数字货币研究所、香港金融管理局、泰国央行及阿拉伯联合酋长国央行已经加入试点,并在11月发布最新成果。数字货币的跨境支付系统一旦成型,将极大地减少交易摩擦,提升效率。

4. "十四五"规划鼓励跨境电子商务及支付

在许多部门制定的"十四五"规划中,都重点提及了与跨境贸易及支付相关的内容,并鼓励发展相关业态。

中国商务部、网信办、发改委印发的《"十四五"电子商务发展规划》,支持电子商务企业与支付机构及银行合作，鼓励独立站、跨境支付等业态。

商务部等24个部门印发的《"十四五"服务贸易发展规划》，鼓励推动人民币跨境支付系统（CIPS）功能升级完善，促进跨境支付便利化。

5. 本外币合一银行结算体系试点

2021年7月，广东省的广州市和深圳市、福建省的福州市、浙江省的杭州市4个城市同时宣布进行本外币合一银行结算账户体系试点。新客户可以在辖区试点银行网点申请开立本外币合一银行账户，原有客户满足条件的也可以通过换签协议的方式整合之前开立的各币种账户。账户体系的革新，将极大地推动跨境支付向便利化方向发展。

6. SWIFT Go 降低交易摩擦

2021年7月，SWIFT（国际资金清算系统）宣布推出针对小额跨境汇款的全新产品SWIFT Go，允许小型企业和消费者能够快速、可预测、高度安全、低成本地向世界各地进行跨境支付。

通过使用机构之间更严格的服务水平协议和数据的预验证，SWIFT Go 使银行能够为其终端客户提供快速且可预测的支付体验，并可以预先了解处理时间和成本。

7. 国务院鼓励外贸新业态

2021年7月，国务院办公厅发布《关于加快发展外贸新业态新模式的意见》，在多个层面支持跨境电子商务新业态，同时要求深化贸易外汇收支便利化试点，支持更多符合条件的银行和支付机构依法合规为外贸新业态、新模式企业提供结算服务。该意见鼓励研发安全便捷的跨境支付产品，支持非银行支付机构"走出去"，鼓励外资机构参与中国支付服务市场的发展与竞争。

在国务院政策背景下，跨境支付在未来也将伴随新业态的发展，进入快车道。

8. G20 探索改造跨境支付

论跨境支付变革的顶层政策哪个影响力大，莫过于G20（二十国集团）公布的跨境支付改造路线图了。在2021年10月，G20提出继续落实关于完善跨境支付的路线图，强调全球稳定币的运行需以遵守所有相关法律和监管要求为前提，鼓励相关国际机构继续研究央行数字货币在完善跨境支付中的作用及其对国际货币体系的影响。

在 G20 公布的跨境支付改造路线图中，探索新的跨境支付技术、制度和安排有三个方向，包括考虑新的多边跨境支付机构及部署、观察全球稳定币的发展，以及央行数字货币的探索。

9. 9810 与 9710 海关模式的全国推广

2021 年 6 月，中国海关总署发布公告，要求在现有试点海关基础上，在全国海关复制、推广跨境电子商务 B2B 出口监管试点。这意味着"9710"（跨境电子商务 B2B 直接出口）和"9810"（跨境电子商务出口海外仓）海关监管模式将在全国范围内推广。

跨境贸易需要物流、资金流、信息流的三流合一。"9710"和"9810"在通关上，简化了对三流合一的审核，极大地便利了跨境贸易。同时，通关更加顺滑将给跨境支付带来利好。

10. 跨境支付便利化试点加速

2021 年，几乎所有的跨境相关政策及监管高层讲话，都提及推动跨境支付便利化。特别是在冬奥会在北京召开的背景下，为入境游客提供移动支付便利化方案，成为区域性政策的重点。例如，苏州自贸区的 Su-Pay、三亚的"Balance top up"小程序。

中国人民银行、国家外汇管理局在年底召开的相关会议中，再次提及要扩大外汇业务便利化试点，完善跨境金融区块链服务平台。可以预见，跨境支付便利化在未来几年都将是热点，跨境支付的便捷度还有很大的提升空间。

资料来源：搜狐新闻（2022-01-14）

思考与练习

1. 跨境电子商务支付工具有哪些？
2. 概述跨境电子商务第三方支付流程。
3. 概述跨境电子商务支付风险防范对策。
4. 线下跨境支付方式有哪些？每种支付方式的优点和缺点是什么？

案例分析

有媒体报道，在跨境电子商务中，来自美国的消费者以高价购买仿冒品为由，与中国商家聊天，获取其 PayPal 账户，随后相关品牌商凭借聊天记录在美国提起诉讼。在美国打官司费用高昂，大部分商家没有积极应诉，随之而来的是，他们的 PayPal 账户及资金被冻结甚至清零。

PayPal 是美国 eBay 公司创建的国际第三方支付机构，是使用最广泛的跨境交易在线工具，在全球范围内已经拥有超过 3 亿个活跃用户，支持用 25 种货币付款交易。从事跨境电子商务的中国商家通常使用 PayPal 账户收取货款，并以此账户内的资金来担保提供商品或者服务。eBay 公司在遇到 PayPal 账户资金出现异常波动或者商家被投诉等情况时，可能暂时或者永久冻结商家 PayPal 账户内的资金，以保证交易安全或者账户内资金的安全。国外享有商标权的品牌商即利用上述服务规则来对中国商家发起知识产权诉讼。

这种情况，有可能是享有商标权的品牌商雇人在电子商务平台上购买中国商家涉嫌侵犯知识产权的商品，在购买过程中形成买卖双方的聊天记录、商品图片等材料，并获取中国商家的 PayPal 账户名称。品牌商继而委托知识产权律师，以上述聊天记录、商品图片等作为证据材料，向美国地区法院提起知识产权诉讼，要求法院下达冻结可能侵犯知识产权的商家的 PayPal 账户的指令。美国地区法院在对知识产权律师提出的材料进行形式审查后，初步判断存在侵权行为的可能，即向 eBay 公司下达冻结相关商家注册账户内资金的指令，以保证知识产权诉讼能够顺利进行。如果被起诉的涉案商家没有积极应诉，美国地区法院有理由做出缺席判决，要求该公司将账户内资金清零，用于补偿被侵权的品牌商的损失。因此，从 PayPal 账户资金被冻结、清零的过程看，国外法院并非有意阻击中国商家参与跨境电子商务，而是在既定的法律规则内做出的理性选择。

问题：

跨境电子商务缘何遭遇困境？如何在经营过程中规避法律风险？如何在遭遇国际诉讼时积极应诉？

第五章

跨境电子商务知识产权保护法律制度

本章概要

本章主要围绕跨境电子商务知识产权保护的现状、相关的立法问题及平台的知识产权保护规则。第一节介绍跨境电子商务中存在的侵权方式和如何针对侵权行为进行保护。第二节介绍跨境电子商务知识产权保护的立法建议。第三节介绍跨境电子商务主要平台目前对于知识产权保护的具体规则。

学习目标

1. 了解跨境电子商务领域中有哪些知识产权的侵权行为。
2. 明确现行跨境电子商务知识产权保护面临的问题。
3. 了解完善和健全跨境电子商务知识产权立法的方向。
4. 熟悉跨境电子商务主要平台的知识产权保护规则。

重点和难点

▶ 重点：完善和健全知识产权立法。
▶ 难点：辨别跨境电子商务中的知识产权侵权行为。

案例导入

某店铺是在速卖通开设的家居用品类店铺，在经营期间涉及不少侵权纠纷问题，主要来源于知识产权平台治理和权利人投诉两个方面，涉及的问题多为图片侵权和产品标题品牌词侵权。店铺侵权问题多发，将会导致被扣分、警告，甚至冻结账户的处罚。速卖通店铺违规处罚规则如图 5-1 所示。

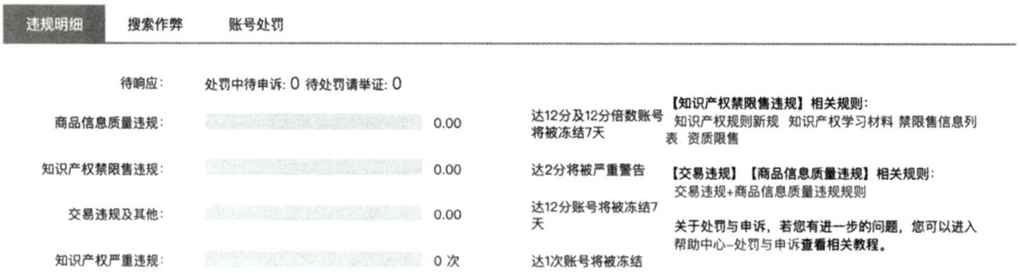

图 5-1　速卖通店铺违规处罚规则

速卖通对于知识产权侵权有着严格的规定和相应的惩罚标准，这对于很多新手商家来说是非常值得注意的问题。因此，新手商家务必关注平台规则，并认真地发布产品，避免标题和图片侵权等行为发生；同时，需要在平台上注册相应的品牌。图 5-2 为店铺违规被处罚示例。

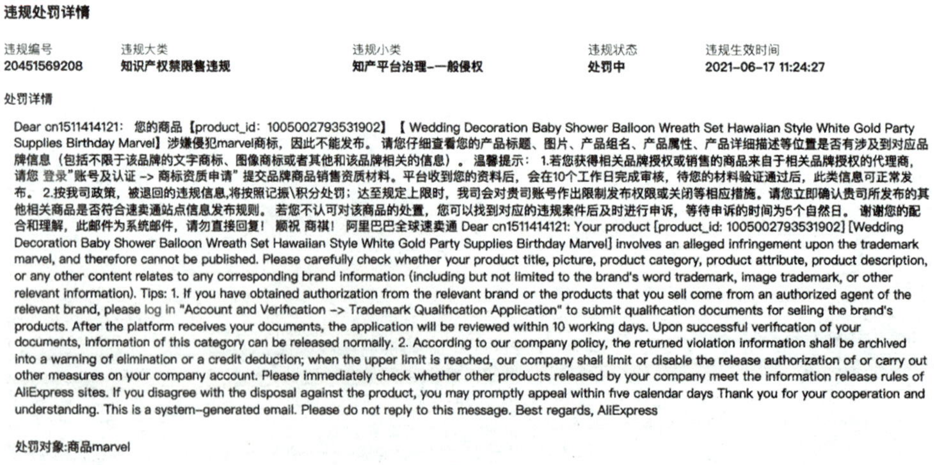

违规处罚详情

违规编号	违规大类	违规小类	违规状态	违规生效时间
20451569208	知识产权禁限售违规	知产平台治理–一般侵权	处罚中	2021-06-17 11:24:27

处罚详情

Dear cn1511414121：您的商品【product_id：1005002793531902】【Wedding Decoration Baby Shower Balloon Wreath Set Hawaiian Style White Gold Party Supplies Birthday Marvel】涉嫌侵犯marvel商标，因此不能发布。请您仔细查看您的产品标题、图片、产品组名、产品属性、产品详细描述等位置是否有涉及到对应品牌信息（包括不限于该品牌的文字商标、图像商标或者其他和该品牌相关的信息）。温馨提示：1.若您获得相关品牌授权或销售的商品来自于相关品牌授权的代理商，请您 登录"账号及认证 -> 商标资质申请" 提交品牌商品销售资质材料。平台收到您的资料后，会在10个工作日完成审核，待您的材料验证通过后，此类信息可正常发布。2.按我司政策，被退回的违规信息,将按照记振\积分处罚；达至规定上限时，我司会对贵司账号作出限制发布权限或关闭等相应措施。请您立即确认贵司所发布的其他相关商品是否符合速卖通站点信息发布规则。若您不认可对该商品的处置，您可以找到对应的违规案件后及时进行申诉，等待申诉的时间为5个自然日。谢谢您的配合和理解，此邮件为系统邮件，请勿直接回复！顺祝 商祺！阿里巴巴全球速卖通 Dear cn1511414121: Your product [product_id: 1005002793531902] [Wedding Decoration Baby Shower Balloon Wreath Set Hawaiian Style White Gold Party Supplies Birthday Marvel] involves an alleged infringement upon the trademark marvel, and therefore cannot be published. Please carefully check whether your product title, picture, product category, product attribute, product description, or any other content relates to any corresponding brand information (including but not limited to the brand's word trademark, image trademark, or other relevant information). Tips: 1. If you have obtained authorization from the relevant brand or the products that you sell come from an authorized agent of the relevant brand, please log in "Account and Verification -> Trademark Qualification Application" to submit qualification documents for selling the brand's products. After the platform receives your documents, the application will be reviewed within 10 working days. Upon successful verification of your documents, information of this category can be released normally. 2. According to our company policy, the returned violation information shall be archived into a warning of elimination or a credit deduction; when the upper limit is reached, our company shall limit or disable the release authorization of or carry out other measures on your company account. Please immediately check whether other products released by your company meet the information release rules of AliExpress sites. If you disagree with the disposal against the product, you may promptly appeal within five calendar days Thank you for your cooperation and understanding. This is a system-generated email. Please do not reply to this message. Best regards, AliExpress

处罚对象:商品marvel

图 5-2　店铺违规被处罚示例

该店铺因侵犯他人知识产权被投诉，如图 5-3 所示。

来自Murat Kocyigit的投诉（投诉编号:201905161203500637）

投诉时间:	2019-05-16 12:03:50	知识产权所有人:	Murat Kocyigit	联系人:	投诉方未提供
投诉类型:	商品投诉	知识产权类型:	著作权	联系邮箱:	投诉方未提供
侵权理由:	著作权-不当-不当使用他人著作权 ⓘ	知识产权附件:	下载附件 下载附件 下载附件 下载附件 下载附件 下载附件 下载附件	联系电话:	投诉方未提供
理由说明:	I have not authorized these dealers to utilize my designs in any for-profit manner.				
投诉举证附件:	下载附件 下载附件 下载附件 下载附件				

图 5-3　店铺因侵犯他人知识产权被投诉

第一节　跨境电子商务的知识产权保护现状

一、跨境电子商务的知识产权保护情况

（一）知识产权在跨境电子商务中的作用

知识产权因为自身的价值特性，成为消费者降低寻找成本和获得优质服务、提升生活体验品质的重要因素。跨境电子商务作为利用电子数据处理技术进行贸易活动的电子化商务运作模式，其核心是“数据信息”，而这些数据信息的内容大多数是一连串的文字、图形、声音、影像、计算机程序等作品，这些客体都涉及商标、作品等不同种类的知识产权。

在跨境电子商务活动中，知识产权已成为传递品牌信赖的标识，消费者主要通过专利、商标、版权识别消费产品的信息。在无法目睹货物的情况下，绝大多数消费者只能通过知识产权辨别远在万里之外的商家的信誉和商品的品质。因此，知识产权（特别是商标）在跨境电子商务营销活动中显得特别重要，它的价值相应增加。在跨境电子商务平台上，知识产权的价值更加凸显，有知识产权的产品销售火爆，不含知识产权（如商标、专利技术）的产品，点击率低，无人问津。

(二)我国跨境电子商务知识产权保护的现状和挑战

1. 国内跨境电子商务市场秩序有待完善

从目前的情况来看,国内跨境电子商务行业的市场秩序有待完善,侵犯知识产权、贩卖假冒伪劣产品等违法行为时有发生,海外消费者投诉众多,存在"劣币驱逐良币"的现象。部分国内商家在知识产权保护方面形象不佳,严重影响国外消费者对中国产品的信心。部分假冒伪劣产品及违反知识产权的产品通过快递出口,逃避国家监管,进入国际市场,影响中国商品的国际形象。

2. 国内中小商家知识产权意识和能力不足

在跨境电子商务活动中,国内企业对知识产权,特别是国际知识产权及相关法律的重视及了解程度不够,在知识产权纠纷中往往是失利方。尤其是国内中小商家,知识产权意识和能力不足,对跨境电子商务中的知识产权风险意识不够,往往成为其面临的主要风险因素。国内只有一些大公司有财力进行知识产权保护的投入,更多中小企业无意识、无动力、无能力做跨境电子商务知识产权能力沉淀和风险防范工作,纠纷及败诉增加,影响中国商家的集体形象,影响消费者对中国产品的信赖和忠诚度。换言之,如果知识产权工作做得不够完善,那么产生的仅是短暂的繁荣,知识产权问题很可能影响平台商和商家在国际市场中的信誉和形象,成为跨境电子商务可持续发展的重要障碍。

二、跨境电子商务侵权的特点及表现形式

(一)跨境电子商务侵权的特点

1. 知识产权纠纷案件呈上升态势

近年来,国内人民法院审理的包括跨境电子商务的知识产权纠纷案件呈上升态势,电子商务平台的统计数据显示电子商务的知识产权纠纷呈现上升态势。2020年,全国海关共采取知识产权保护措施6.53万次,查扣有侵权嫌疑货物6.19万批,涉及货物5 618.19万件。而2019年,全国海关共采取知识产权保护措施5.56万次,

实际扣留有侵权嫌疑货物 5.16 万批。

2. 知识产权纠纷案件主要集中在经济发达地区

从纠纷产生到案件管辖的区域分布来看，电子商务知识产权纠纷案件主要集中在东部沿海及内陆发达省、市，这主要是由于被告住所地或者侵权行为地为此类案件的主要管辖依据，而目前从事电子商务的国内经营者多集中在北京、上海、长江三角洲、珠江三角洲等经济发达地区。受理此类案件较多的有北京市、浙江省、上海市、广东省、江苏省等地的人民法院。

3. 大部分案件为侵犯著作权、注册商标专用权纠纷案件

跨境电子商务的知识产权纠纷问题类型多样，但容易引起知识产权纠纷的主要有侵犯著作权、注册商标专用权等问题。在知识产权侵权纠纷中，侵犯注册商标专用权纠纷案件和侵犯著作权纠纷案件各占四成左右，侵犯专利权纠纷案件不到一成，不正当竞争纠纷案件大约占一成。由此可见，大多数案件类型为侵犯著作权和注册商标专用权的纠纷，二者的比例大致相当。

4. 涉案标的额普遍不高，但社会影响大

侵权案件的涉案标的额在数万元与数十万元之间，数万元的案件比重较高。虽然案件的标的额普遍不高，但此类案件引发了较为广泛的关注。被关注的原因主要有以下几个方面：一是跨境电子商务是迅猛发展的新兴行业，面临众多法律空白，对案件的处理引发了诸多讨论。二是对于众多的权利人来说，许多案件为"试水"性质的诉讼，诉讼的矛头直指第三方电子商务平台。一旦针对第三方电子商务平台的诉讼成功，对其他权利人而言，会产生巨大的示范效应，维权的成本将大大降低，收益将增大。三是这些案件的审理结果在国际上引发了较大的反响。从影响面而言，目前侵犯注册商标专用权的案件影响很大，受关注程度很高。

（二）跨境电子商务侵权的表现形式

1. 商标权侵权

在跨境电子商务平台中，商标权保护的问题最为突出，也最需要解决。商标权遭遇侵权主要有以下几种情形：在跨境电子商务平台上销售侵犯注册商标专用权的商品、在相同或类似商品上使用与他人注册商标相同或者近似的商标、商标被注册

为域名、商标被使用于企业名称等。而且，这几种情形并不是单独发生的，有时候会同时发生。随着电子商务向纵深的不断发展，商标侵权行为将越来越多地以综合化和新类型化的形式出现。这将给商标保护带来一定的困难。在跨境电子商务平台上，既有店家销售假货的问题，也有使用侵权商标、标志、图案的问题，还有使用侵权网店名称、网店标志等问题。

让我们看一个商标权侵权的案例。此侵权案例涉及的是小众品牌 ANGLE-IZER，原告公司拥有 ANGLE-IZER 测量尺这个商标，相关图片也受版权保护。在各跨境电子商务平台上都有众多商家侵权销售此类产品，大多数使用了品牌关键词"ANGLE-IZER"，或者直接用了 ANGLE-IZER 测量尺的官网图片，造成了商标侵权。该案例造成 2000 多个店铺被起诉，账户被冻结，如图 5-4 所示。

图 5-4　商标权侵权案例

2. 著作权侵权

在跨境电子商务交易过程中，通常要将享有著作权的作品进行数字化，如将文字、图像、音乐等通过计算机转换成计算机可读的数字信息，以进行网络信息传输。将数字化的作品上传到网络后，由于网络的无国界性，任何人都可以在任何地点、任何时间通过网络下载，得到该作品。除自己下载以外，侵权行为人还可以通过电子公告板（网络论坛）、电子邮件等传播、交换、转载有著作权的作品，并利用享有著作权的作品在网上营利，这显然侵犯了著作权人的网络传播权，使著作权人的利益受到损失。例如，商家在"第三方电子商务平台"中销售未经授权的出版物；在网店中使用未经授权的广告描述、广告语与原创性广告图片、产品图片等。

让我们看一个著作权侵权案例。2015 年，动画片《小猪佩奇》登陆中国，在众多电视台和视频网站平台播出，受到国内小朋友广泛喜爱。《小猪佩奇》动画片及系列产品在中国市场取得了极高的知名度和美誉度。此后，以"小猪佩奇"系列形象为主要卖点的"山寨"商品也随之而来。获得"小猪佩奇"著作权的艾斯利贝克戴维斯有限公司和娱乐—英国有限公司一直在打击侵犯其著作权的行为。数千家中国跨境电子商务商家因为涉嫌违规向国外销售小猪佩奇产品，侵犯了"小猪佩奇"系列美术作品著作权，导致账户资金被冻结。

该案例中的侵犯著作权的产品如图 5-5 所示。

图 5-5 侵犯著作权的产品

3. 专利权侵权和假冒专利

在跨境电子商务中，涉及专利侵权的主要行为类型是销售专利产品或者使用其专利方法。与版权和商标侵权不同,专利权保护缺乏著作权中信息网络传播权那样详细而清晰的规范,而且专利权权属的判定是非常专业的问题,而第三方电子商务平台仅掌握产品信息,无法掌握产品实物,因此,交易平台很难对相关权属做出判断,也无法清晰界定自己的责任范围。

让我们看一个专利权侵权案例。此侵权案例涉及的是 NEGG 剥蛋器,原告注册 NEGG 商标并且申请了专利,如图 5-6 所示。多个亚马逊店铺销售此种产品,没有直接用 NEGG 这个商标,但因与专利产品相关或功能类似而涉及专利侵权,如图 5-7 所示。

图 5-6 NEGG 剥蛋器专利证书

图 5-7 涉嫌侵犯专利权产品

三、跨境电子商务知识产权侵权防范措施

（一）重视保护知识产权，充分发展自主产权

我国的知识产权制度很大程度上借鉴了美国的知识产权制度，而且通过一段时间的发展，已经发展到了一个相对比较高的水平，但和美国等发达国家比起来，还存在差距。美国知识产权法的赔偿额度较高，在一些专利权的诉讼中，经常会出现几百万美元的赔偿金额。这对于那些违反专利法的商家而言，违法成本极高，所以它们不会轻易做出违反相关法律法规的侵权行为。目前，我国跨境电子商务的主要出口国家集中在欧美等一些发达国家，所以我们更加需要加强知识产权意识，充分发展自主产权，尽可能避免侵权行为的发生。

（二）立足于知识产权的保护，做好产品研发与外观设计

国内企业进军欧美市场之前，一定要充分重视知识产权，做好自主品牌和款式的研发工作，尽量避免外观设计侵权或者商标侵权的行为，这样可以有效地降低法律风险。

（三）采用法律途径，最大限度地保护自身权益

我国许多中小型企业认为违法成本不高，对法律法规的重视程度不高，尤其忽视了对专利法、商标法等知识产权法的重视，导致商标侵权、外观设计侵权行为出现。然而，产品出口，面对的是海外消费者，对方的维权意识极强，一旦发现侵权行为，就会通过跨境电子商务平台或者以诉讼的方式进行维权，这对于商家会产生非常不利的后果。我们应当加强法律意识，用法律手段最大限度地保护自身的权益。

（四）尽可能通过调解方式解决问题

美国的知识产权诉讼，在判决之前，双方可以进行调解。大部分案件在判决之前，通过调解的方式得到了很好的解决。对于商家而言，诉讼成本太高，在自身利益不受损的情况下，调解是最好的解决方法。这样既可以降低成本，又可以缩短时间，提高办事效率。

第二节 跨境电子商务知识产权保护的相关法律制度

一、跨境电子商务知识产权保护面临的问题

(一) 各方侵权认识不足

首先，消费者辨别能力低。因为曾经出现的食品安全等问题，国人对国外产品的信任度高，对国外高品质商品的需求量大，但国外产品也存在侵犯知识产权的问题，也有假冒伪劣商品，消费者对此风险普遍认识不足。其次，商家知识产权保护观念淡薄，尊重他人知识产权、维护自身合法权益的意识和能力普遍缺乏。跨境电子商务的货物多为邮件小包，价值较低，海关查获侵权商品，也只是收缴，无法适用罚款等其他制裁措施，所以商家侵权成本低廉。

(二) 海关对侵权行为认定困难

跨境电子商务这种新型业务形态有别于传统进口，境外商品来源复杂，进货渠道多，有些来源于国外品牌工厂，有些来源于国外折扣店，有些来源于国外买手。此外，境内收货渠道复杂，且多为个人消费，无规律可言；与其他进口渠道比较，其涉及的商品品牌大幅增加，且商品种类比较丰富，而海关执法人员对相关品牌认识不足，难以确认是否有侵权行为。这些都会给开展知识产权确权带来一定的困难，需要确权的商品数量、难度也会大大增加。

(三) 侵权责任划分困难

跨境电子商务是指交易主体（企业或个人）以数据电文形式，利用互联网（含移动互联网）等电子技术，开展跨境交易的一种国际商业活动。其涉及境内外电子

商务平台、商家、支付、报关、仓储、物流等一系列企业，而电子商务平台又可分为自营电子商务平台、第三方电子商务平台，主体多元、形式多样、结构复杂。在所有类型的平台中，第三方平台涵盖的知识产权客体极为广泛，成为知识产权侵权纠纷的重灾区。在第三方商务平台纠纷案件中，争议最大、最缺乏法律规范规制的就是第三方电子商务平台的责任问题，如审查义务、归责原则等，从一般的电子商务到跨境电子商务的知识产权保护责任划分问题，一直争议不断。

（四）各国立法差异大

在跨境电子商务中，缺乏国际组织统一的立法指导。各国根据自己的实际需要，制定不同的立法标准，而我国更是缺少相关的法律法规，有关的立法在知识产权的保护方面还存在很多分歧。目前有关电子商务中知识产权保护的国际立法相继出台，也得到包括世界知识产权组织、世界贸易组织、联合国等国际组织的重视，但跨境电子商务立法仍缺乏知识产权保护的实体内容。由于电子商务发展迅猛，相关立法无法应对的新问题仍会出现。《与贸易有关的知识产权协定》已对电子商务中的知识产权保护问题做了详细规定，为世界贸易组织框架内电子商务的知识产权保护提供了强有力的保障，但由于互联网的特殊性，其在一些问题上无能为力，有关安全隐患、互联网监管无力等问题依然存在。

（五）国际争端解决困难

1. 司法管辖权认定困难

跨境电子商务的支撑载体是国际互联网，互联网中的活动者分处于不同的国家和管辖区域之内，跨境电子商务的随机性和全球性使几乎任何一次网上活动都是跨国的，很难判断侵权行为发生的具体地点和确切范围，使司法管辖区域的界限变得模糊，难以确定。

2. 国际维权困难

跨境电子商务涉及大量的中小电子商务企业，有的甚至是个人，这部分商家缺少对国外法律的认知，而且跨国诉讼费用高昂，在出现涉及侵权的问题时，国际维权困难。国际第三方支付机构 PayPal 经常被爆出有大量中国跨境电子商务商家的账户因侵权诉讼遭到冻结。许多美国品牌商"钓鱼执法"，以高价购买仿冒品为由，与中国商家聊天，获取其 PayPal 账户。随后，相关品牌商凭借聊天记录提起诉讼。

由于不了解美国相关法律且在美国打官司费用高昂，大部分商家没有积极应诉，随之而来的是他们的 PayPal 账户及资金被冻结，甚至清零。

3. 国际争端解决机制不健全

目前对于知识产权的国际争端，世界知识产权组织作为在知识产权国际保护方面发挥全球性影响的国际组织，设有一个争端解决机构。在世界知识产权组织体制下，知识产权国际争端主要是通过谈判协商、调解等外交手段进行的，这种方式灵活、方便，但有两个弱点：一是双方各执一词、互不相让时，就会久拖不决，世界知识产权组织也无可奈何。二是当争端双方经济实力悬殊时，谈判对弱者十分不利，很难建立公平合理的国际秩序。

二、跨境电子商务知识产权立法建议

（一）完善我国现有跨境电子商务知识产权法律体系

将跨境电子商务活动纳入法律管制的范畴，制定并完善专门性的跨境电子商务操作规范性法制，强调在电子商务过程中对知识产权的法律保护，使合法与非法行为有一个明确的界定，减少在新形势下出现的新种类知识产权之权利不稳定及"游离"状态。

（二）建立健全跨境电子商务行业自律机制和信用体系

在跨境电子商务知识产权保护相关法律法规不健全的情况下，海关、工商等政府机关可以帮助建立起适应时代要求的跨境电子商务行业协会，制定跨境电子商务知识产权保护自律规范和内部监督机制。同时，依托海关监管和行业协会自律，通过电子商务认证中心、社会信用评价体系的建立等，健全跨境电子商务信用体系和信用管理机制。通过行业自律和信用管理打击侵犯知识产权和销售假冒伪劣产品等行为。

（三）完善海关监管体系

首先，完善海关跨境电子商务知识产权保护监管制度和标准作业程序，尽量减少需要一线人员主观认定结果的操作程序，降低执法难度和执法风险。其次，探索跨境电子商务知识产权保护监管的风险分析和后续稽查制度。一方面要加强前期信息收集工作，将跨境电子商务平台上的商品种类、品牌、价格等纳入情报搜集范围。对重点商品的来源地、商标、包装图案进行风险分析和比对，确认监管重点。另一方面，将后续稽查制度纳入监管工作，尽快出台跨境电子商务的稽查办法，加强对跨境网购商品的后续流向监管，弥补查验放行阶段的监管漏洞。

（四）借助电子商务平台进行数据监控和管理

首先，海关执法单位加强与电子商务平台沟通和数据对接，对商品信息流进行合理监控管理，要求跨境电子商务运营者提供相关授权证明文件或采购单据等材料，切实加强对货物来源渠道的管理，保留必要的货物来源证明材料。其次，跨境电子商务平台负起管理责任，强化事前审查、事中监控、事后处理等一系列控制制度。

（五）加强国际合作

首先，我国商务、海关等部门积极与相关国家推进跨境电子商务知识产权保护规则、条约的研究和制定，包括跨境电子商务侵犯知识产权行为的认定、产生纠纷的解决办法、产品的监管和溯源机制等，建立跨境电子商务国际合作机制，为国内企业开展跨境电子商务创造必要的条件。其次，积极利用世界贸易组织等相关国际组织的标准和协商体系，帮助国内企业处理跨境电子商务纠纷。

（六）强化人才培养

知识产权保护问题涉及贸易、法律等方面的专业问题，特别是涉外知识产权的纠纷和诉讼都有很强的专业性。国家和企业应共同努力，大力培养知识产权专业人才，并给他们充足的空间与资源，发挥其在知识产权战略中的核心作用，造就一支包括各类专业人才和管理人才在内的知识产权队伍。海关更是要加大培养精通知识产权保护管理，又了解跨境电子商务特性的业务专家，更好地为跨境电子商务知识产权保护做出贡献。

第三节　跨境电子商务主要平台知识产权保护规则

一、阿里巴巴国际站知识产权保护规则

（一）具体规则

阿里巴巴国际站（以下简称"国际站"）致力于对知识产权的保护，严禁用户未经授权发布、销售涉嫌侵犯第三方知识产权的产品。国际站对侵权行为的分类和处罚规则如表 5-1 所示。

表 5-1　国际站对侵权行为的分类和处罚规则

侵权类型	定义	处罚规则
商标侵权	严重违规：未经权利人许可，在所发布、销售的同一种产品上使用与其注册商标相同或相似的商标及其他商标性使用的情况	累计被记录次数，三次违规者关闭账户
商标侵权	一般违规：其他未经权利人许可，不当使用他人注册商标的行为	1. 首次违规扣 0 分 2. 其后每次重复违规扣 6 分 3. 累计达 48 分者关闭账户
著作权侵权	未经著作权人许可，擅自发布、复制、销售受著作权保护的产品（如书籍、文字、图片、电子出版物、音像制品、软件、工艺品等），以及其他未经著作权人许可不当使用他人著作权的行为 具体场景说明如下（仅做示例，详细内容见解读）： 1. 发布或销售的产品或其包装是侵权复制品 2. 发布或销售的产品或其包装非侵权复制品，但包含未经授权的受著作权保护的内容或图片 3. 在详情页上未经授权使用权利人图片作品 4. 在详情页上未经授权使用权利人文字作品	1. 首次违规扣 0 分 2. 其后每次重复违规扣 6 分 3. 累计达 48 分者关闭账户
专利侵权	严重违规：判定视个案情节而定	累计被记录次数，三次违规者关闭账户

续表

侵权类型	定义	处罚规则
专利侵权	一般违规：未经权利人许可，擅自发布、销售包含他人专利（包含外观设计专利、实用新型专利或发明专利等）的产品，以及其他未经权利人许可，不当使用他人专利的行为。	1. 首次违规扣0分 2. 其后每次重复违规扣6分 3. 累计达48分者关闭账户

（二）条款备注

（1）国际站将按照侵权产品投诉被受理时的状态，对违规用户实施处罚。

（2）同一天内所有一般违规及著作权侵权投诉，即投诉成立，扣分累计不超过6分。对于商标权或专利权的一般违规，此处所指的"投诉成立"指被投诉方因同一知识产权被投诉，在规定期限内未发起反通知，或虽发起反通知，但反通知不成立；对于著作权侵权违规，此处所指的"投诉成立"指被投诉方被同一著作权人投诉，在规定期限内未发起反通知，或虽发起反通知，但反通知不成立。

（3）用户被首次投诉后5天之内，基于同一知识产权针对商标权一般违规及专利权一般违规的投诉，或来自同一著作权人的著作权侵权违规投诉，应视为一次投诉。

（4）三天内所有严重违规投诉成立（"投诉成立"指被投诉方因某一知识产权被投诉，在规定期限内未发起反通知，或虽发起反通知，但反通知不成立）应视为一次违规。

（5）国际站抽样检查，每次扣2分，一天内扣分不超过6分；一般违规情节严重的（包括但不限于销售假冒商品纠纷），每次扣4分，一天内扣分不超过12分。

（6）国际站有权对用户产品违规与侵权行为及用户店铺采取处罚措施，包括但不限于以下措施：

① 退回或删除商品/信息。
② 限制商品发布。
③ 暂时冻结账户。
④ 关闭账户。

对于关闭账户的用户，国际站有权采取措施，防止该用户再次在国际站上进行登记。

（7）当情况特别显著或极端时，国际站保留单方面解除会员协议或服务合同、直接关闭用户账户的权利；国际站酌情判断与用户相关联的所有账户，采取其他合适的措施。

"情况特别显著或极端"包括但不限于以下情况：

① 用户重复侵权，情节严重。

② 权利人针对国际站提起诉讼或法律要求。

③ 商家因侵权行为被权利人起诉，被司法、执法或行政机关立案处理。

④ 因应司法、执法或行政机关要求，国际站处置账户或采取其他相关措施。

（8）每项违规行为自处罚之日起365天内有效。

（9）国际站保留对以上处理措施等的最终解释权、决定权及与之相关的一切权利。

（10）国际站有权根据法律法规的调整、经营环境的变化等因素及时地修订规则并予以公示，修订后的规则于公示中指定日期生效。

（11）本规则为国际站发布的规则的组成部分，本规则与国际站发布的其他规则不一致的，以本规则为准，本规则未尽事宜，以国际站发布的其他规则为准。

（12）本规则如中文版和非中文版存在不一致，有歧义或冲突，应以中文版为准。

二、速卖通知识产权保护规则

速卖通严禁用户未经授权发布、销售涉嫌侵犯第三方知识产权的商品或发布涉嫌侵犯第三方知识产权的信息。

若商家发布涉嫌侵犯第三方知识产权的信息，或销售涉嫌侵犯第三方知识产权的商品，则有可能被知识产权所有人或者消费者投诉，平台也会随机对店铺信息、商品（包含下架商品）信息、产品组名进行抽查，若涉嫌侵权，则信息、商品会被退回或删除，根据侵权类型采取处罚措施。

（一）具体规则

速卖通对侵权行为的分类和处罚规则如表 5-2 所示。

表 5-2　速卖通对侵权行为的分类和处罚规则

侵权类型	定义	处罚规则
商标侵权	严重违规：未经注册商标权人许可，在同一种商品上使用与其注册商标相同或相似的商标	三次违规者关闭账户

续表

侵权类型	定义	处罚规则
商标侵权	一般违规：其他未经权利人许可使用他人商标的情况	1. 首次违规扣 0 分 2. 其后每次重复违规扣 6 分 3. 累计达 48 分者关闭账户
著作权侵权	未经权利人授权，擅自使用受版权保护的作品材料，如文本、照片、视频、音乐和软件，构成著作权侵权 实物层面侵权： 1. 盗版实体产品或其包装 2. 实体产品或其包装非盗版，但包括未经授权的受版权保护的作品 信息层面的信息： 产品及其包装不侵权，但未经授权在店铺信息中使用图片、文字等受著作权保护的作品	1. 首次违规扣 0 分 2. 其后每次重复违规扣 6 分 3. 累计达 48 分者关闭账户
专利侵权	侵犯他人外观专利、实用新型专利、发明专利、外观设计（一般违规或严重违规的判定视个案而定）	1. 首次违规扣 0 分 2. 其后每次重复违规扣 6 分 3. 累计达 48 分者关闭账户 （严重违规情况，三次违规者关闭账户）

（二）条款备注

（1）速卖通会按照侵权商品投诉被受理时的状态，根据相关规定对相关商家实施适用处罚。

（2）同一天内所有一般违规及著作权侵权投诉，包括所有投诉成立（商标权或专利权：被投诉方因同一知识产权被投诉，在规定期限内未发起反通知，或虽发起反通知，但反通知不成立。著作权：被投诉方被同一著作权人投诉，在规定期限内未发起反通知，或虽发起反通知，但反通知不成立），以及速卖通平台抽样检查，扣分累计不超过 6 分。

（3）三天内所有严重违规，包括所有投诉成立（即被投诉方因同一知识产权被投诉，在规定期限内未发起反通知，或虽发起反通知，但反通知不成立）及速卖通平台抽样检查，只会作为一次违规计算；三次严重违规者关闭账户，严重违规次数记录累计不区分侵权类型。

（4）速卖通有权对商家商品违规与侵权行为及商家店铺进行处罚，包括但不限于以下措施：

① 退回或删除商品/信息。

② 限制商品发布。

③ 暂时冻结账户。

④ 关闭账户。

对于关闭账户的用户，速卖通有权采取措施，防止该用户再次在速卖通上进行登记。

（5）每项违规行为自处罚之日起365天内有效。

（6）当用户侵权情节特别显著或极端时，速卖通有权单方面采取解除速卖通商家服务协议及免费会员资格协议、直接关闭用户账户的措施；速卖通酌情判断与用户相关联的所有账户，采取其他保护消费者或权利人的合法权益或平台正常的经营秩序的措施。在该等情况下，速卖通除有权直接关闭账户外，还有权冻结用户关联国际支付宝账户资金及速卖通账户资金，其中依据包括：为确保消费者或权利人在行使投诉、举报、诉讼等救济权利时，其合法权益得以保障。

"侵权情节特别显著或极端"包括但不限于以下情形：

① 用户侵权行为的情节特别严重。

② 权利人针对速卖通提起诉讼或法律要求。

③ 用户因侵权行为被权利人起诉，被司法、执法或行政机关立案处理。

④ 因应司法、执法或行政机关要求，速卖通处置账户或采取其他相关措施。

⑤ 用户所销售的商品在产品属性、来源、销售规模、影响面、损害等任一因素方面造成较大影响的。

⑥ 构成严重侵权的其他情形（如以错放类目、使用变形词、遮盖商标、引流等手段规避）。

（7）速卖通保留对以上处理措施等的最终解释权及决定权，也会保留与之相关的一切权利。

（8）本规则如中文版和非中文版存在不一致，有歧义或冲突，应以中文版为准。

（三）建议

1. 尊重知识产权

商家应严格排查自己的在线及下架商品，若存在侵权行为，请立即将侵权商品删除。同时，严格把控进货来源，杜绝来源不明的产品，建议实拍图片，提高图片质量，让消费者更直观地了解商品，获得更多订单。

2. 发展有品质的自营品牌

如果你的产品有品质,并注册自有品牌,可以跟平台一起扩大自营品牌的影响力,让自己的品牌商品出海,不断增加附加值。

3. 完成品牌准入流程

完成品牌准入流程,再发布品牌商品,不要发布未获得发布权限的品牌商品。

三、亚马逊知识产权保护规则

商家在亚马逊上发布的商品如果侵犯他人知识产权,可能导致账户被封,商家有责任确保他们提供的商品合法,且自身已获得相关的销售或转售授权。如果亚马逊认为商品详情页或商品信息的内容属于违禁、涉嫌违法或者不当内容,则可能予以删除或修改,并不事先通知。亚马逊保留判定内容是否恰当的权利。亚马逊遵守美国《数字千年版权法》的通知移除流程,并将终止一再侵犯他人知识产权的商家的销售权限。

(一)平台禁售商品

1. 假冒商品

商家在亚马逊上出售的商品必须是正品。禁止非法复制、复印或制造的任何商品。

2. 侵犯商标权商品

商标是用于标识商品来源的字样、标志、颜色、声音或以上各项的任意组合。商标用于将自己的商品和服务与他人提供的商品和服务区分开来,同时用于表明商品或服务的来源。例如,"亚马逊"这一商标即表明零售服务由亚马逊而非其他来源提供。任何与商品或服务相关的名称或设计都可能是商标。亚马逊禁止发布侵犯他人商标的商品和商品信息。商家必须先获取他人的许可才能使用其商标。

3. 侵犯著作权商品

著作权用于保护原创作品(例如,图书、音乐、艺术品或照片等)。亚马逊禁止发布侵犯他人著作权的内容。商家必须先获取他人的适当许可才能使用其著作权。

4. 侵犯专利权商品

商家有责任确保自己的商品未侵犯他人的专利权。专利所有者有权禁止他人非法侵犯专利中声明的发明，因为政府已授予所有者禁止他人制造、使用、引进、供应或销售专利发明的权利。

5. 未授权及无证商品

所有在亚马逊上销售的商品必须是经商业化生产，被授权或批准作为零售商品出售的商品。

6. 翻版媒介类商品

禁止非法出售未经持权者许可而复制、配音、汇编或转换的媒介类商品（包括图书、电影、音乐、电视节目、软件、视频游戏等）。

7. 经格式转换的媒介类商品

禁止将媒介类商品从一种格式转换为另一种格式。这包括但不限于从 NTSC 制式转换为 PAL 制式、从 PAL 制式转换为 NTSC 制式、从镭射光盘转换为视频文件、从电视节目转换为视频文件、从 CD-ROM 转换为磁带，以及从网络格式转换为任何数字格式等。

8. 促销媒介类商品

禁止媒介类商品的促销版，包括图书（试读副本和未校对样稿）、音乐和视频（试看录像）。这些产品仅用于推广目的，一般不授权销售。

9. 侵犯公开权商品

商家有责任确保商品和商品信息未侵犯他人的公开权。例如，商家必须先获取相关方的适当许可，才能在商品信息或商品中使用名人的图片和姓名。这包括名人产品代言，以及在商品或宣传材料（如海报、鼠标垫、钟表、数字格式图片集、广告等）上使用名人的肖像。

（二）平台对侵权行为采取的措施

亚马逊知识产权政策主要涵盖对著作权、专利权及商标权的保护。亚马逊非常重视知识产权侵权问题，即使商家在不知情的情况下侵犯了他人的知识产权，仍然会采取措施，商家可能会受到警告或账户被暂停。当商家的商品收到知识产权侵权举报时，亚马逊会在核实举报信息之后采取相应措施，可能导致商品下架、账户被暂停。

在亚马逊上出售的商品必须是正品。亚马逊希望打造一个消费者始终可以放心购物的电子商务网站，所以严禁销售假冒伪劣商品。如果商家销售假冒伪劣商品，在严重的情况下可能被暂停或终止亚马逊销售账户。

亚马逊一直致力于保护消费者和权利所有者。2020年6月24日，亚马逊宣布成立全球打假团队，这个新的部门专门负责打击那些违反法律法规和亚马逊平台规则、在亚马逊销售假冒商品的售假者，并将其诉诸法律。根据调查情况和证据的不同，诉诸法律的形式包括民事诉讼，也包括跟当地执法机构合作，由执法机构发起刑事诉讼。冻结资产也是亚马逊打击违规售假的有效手段之一。

四、Wish 知识产权保护规则

Wish 针对仿品和侵犯知识产权的行为制定了严格的规则。如果 Wish 认定商家在销售仿品，可能单方面暂停或终止商家的销售权限，扣留或罚没本应支付给商家的款项。

（一）平台严禁的行为

1. 严禁销售仿品

严禁销售模仿或影射其他方知识产权的产品，如果商家上架仿品，这些产品将被移除，且相应账户将面临赔款的惩罚，可能还会被暂停交易。

2. 严禁销售侵犯其他方实体的知识产权的产品

产品图像和文本不能侵犯其他方的知识产权，这包括但不限于版权、商标和专利。如果商家上架侵犯他人知识产权的产品，这些产品将被移除，且相应账户将面临赔款的惩罚，可能还会被暂停交易。

3. 严禁提供不准确或具有误导性的销售授权证据

如果产品是仿品或侵犯知识产权，应由商家负责提供销售该产品的授权证据。如果商家提供不准确或具有误导性的产品销售授权证据，其账户将被暂停。

（二）平台对侵权行为采取的措施

1. 针对仿品或侵犯知识产权的赔款

所有产品均会接受仿品和知识产权侵权审核，如果产品被发现违反了 Wish 的规则，该产品将会被移除，且所有付款将被暂扣。商家可能面临每件仿品最高 10 美元的赔款。对于赔款的处罚，仅可在其生成后的 90 个自然日内进行申诉和审批。如果赔款申诉未在其生成后的 90 个自然日内获审批通过，赔款将不予撤销。

2. 对核准上架产品处以仿品赔款

在商家更改产品名称、产品描述或产品图片后，经过审批的产品也要再次审核，看其是否为伪造品或是否侵犯了知识产权。在产品审核期间，产品正常销售。如果在商家编辑产品后产品被发现违反 Wish 规则，该产品将被移除，且所有付款会被暂扣。商家可能面临赔款和被暂停交易的处罚。

拓展阅读

知识产权侵权：申诉、和解或应诉？没那么简单！

有亚马逊商家反映，因为被投诉商标侵权，店铺产品被下架；也有其他商家反映，因为知识产权侵权，产品连夜被下架且收到亚马逊与维权方律师的临时冻结邮件，陷入了焦虑与恐慌的不安情绪中。

跨境电子商务知识产权侵权纠纷频发，案例繁多，尤以美国市场为甚。

1. 侵犯哪些知识产权，商家会受到侵权警告

（1）商标权。在产品文字描述、产品图片、详情页构建中，使用他人的商标作为商品名称、描述性词语或关键词；另外，在产品本身、包装方面，使用与他人商

品相同或相似的词语、标志等，存在故意或过失侵权的情况，可能遭到投诉或诉讼。

（2）著作权。在产品包装中包含未授权作品；产品本身或包装系侵犯他人版权作品；图像或文字未经授权使用，这些情况皆为侵犯版权的情形。

（3）专利权。产品外观存在侵犯他人在先专利、商标、版权的情形，或产品发明与他人在先专利相冲突，这些都有遭到投诉或诉讼的风险。

（4）非正品投诉。假冒在美国是非常严重的违法行为。在一般情况下，知识产权侵权是民事侵权，而假冒构成刑事犯罪。因此，以假乱真的欺骗消费者的商标假冒与产品假冒，是司法、行政机关重点惩治的对象，商家需要特别谨慎。

2. 面对知识产权侵权投诉和诉讼，该如何应对

（1）高质量申诉，快速挽回损失。商家可根据侵权投诉来源做出相应的申诉反应。

若投诉来自其他商家、版权或专利所有者，且侵权事实较明确，商家应积极主动寻求和解，通过委托律师与维权方交涉，以获得权利方的授权。此为上策，双方达成共识，撤诉和解。

若对方以不正当商业竞争为目的进行恶意投诉，限制商家的销售权，打压商家的市场竞争力，商家应向亚马逊平台积极申诉，或向美国专利与商标局申请被侵权方的专利或商标无效，通过法院诉讼，自证无侵权行为。

若亚马逊主动检索，发现侵权情况而下架产品，商家可从"行动计划"（plan of action）找到账户被暂停的原因，根据被判定的因素提出改正措施，预防账户被冻结。

（2）有效进行法庭诉讼或庭外和解。商家可根据自身情况对应以下三种情况，将损失降到最小。

① 确实侵权。当侵权事实明确，商家应该尽量争取庭外和解，若对方索赔金额过高，超过想挽回的损失，再考虑法庭应诉，以降低赔偿金额。

② 侵权事实有争议。商家可以据理力争，要求对方降低赔偿金额，若对方索赔金额过高，可考虑法庭应诉，以降低赔偿金额。

③ 确信无侵权。不同意赔偿，提起反诉，要求对方因错误起诉赔偿己方损失。

（3）治本之道：知识产权注册主动权。当权利方维权时，商家只会陷入被动。如果商家注册自有商标、版权、专利，就可以在运营中规避多重风险，掌握主动权。对于知识产权的商标、版权、专利注册，可遵循以下思路：

① 私模产品。拥有知识产权的产品需在中、美及其他目标市场国家申请专利、商标和版权。

② 公模产品。需与厂家确认，是否在中、美及其他目标市场国家拥有相关权利，若无则需在上架前仔细检索目的市场国的专利、商标和版权，以防侵犯他方的知识产权。

持有知识产权，对于商家有百利而无一害，从长远来看，更是精细化、品牌化的发展前提。从即时效应而言，出于对商家店铺的安全、竞争力的考量，注册商标、版权和专利也非常必要。

资料来源：雨果跨境

思考与练习

1. 简述跨境电子商务侵权的特点。
2. 阐述跨境电子商务商标权侵权的主要情形。
3. 简述跨境电子商务知识产权保护面临的问题。
4. 如何完善和健全跨境电子商务知识产权立法？
5. 简述速卖通平台规定的知识产权侵权类型及对应处罚规则。
6. 讲一个跨境电子商务著作权侵权的案例。

第六章

跨境电子商务物流法律制度

本章概要

本章主要介绍跨境电子商务的物流制度。随着跨境电子商务全球化进程的飞速发展，跨境电子商务与国际物流之间互相影响、相互制约的关系已经成了一个新的课题。跨境电子商务的飞速发展必然为国际物流的发展提供新的契机，并将物流业水平提升到前所未有的高度；而国际物流作为跨境电子商务的重要组成部分，随着本身的不断发展及物流运输渠道的不断成熟和多元化，也对跨境电子商务起到了推动作用。两者之间存在相互影响、相互促进、相互制约、相互发展的关系。

学习目标

1. 跨境电子商务与国际物流的关系。
2. 跨境电子商务的国际物流模式。
3. 跨境电子商务产品定价。
4. 国际物流成本控制策略。

重点和难点

▶重点：跨境电子商务产品定价。
▶难点：国际物流成本管理与控制。

案例导入

邮政小包主要通过邮政渠道，以个人邮件形式递送。中国邮政小包、中国香港邮政小包、新加坡邮政小包比较常见，还有其他一些国家的邮政小包在特殊情况下使用。对于邮政小包的优点，跨境电子商务从业者都知道，价格便宜、清关方便。但是，这两个优点也慢慢地变得不那么突出了。例如，原来的中国邮政小包，每千克运费约为 50 元人民币，后来变成大约 90 元人民币，比原来的价格涨了近 1 倍；同时，含电池、粉末、液体等特殊产品在正常渠道下已经不可能清关了。如果邮政小包含有上述产品，被检出就会被整包退回，甚至扣下。这样的情况对于跨境电子商务来说是致命的，不管在哪种平台上销售，这种损失都是承受不起的。

此外，邮政小包递送时效慢，丢包率高，如果不是挂号件就无法进行跟踪。邮政小包的递送周期，所有的代理商给出的都是 15~30 天，但几乎 80% 以上的包裹都超过 30 天。要是碰到圣诞节旺季的时候，这个时间将有可能被无限延长。有时候，一个包裹发出去了，中国海关出关的信息有了，然后就什么都没有了。过了几个月，客户来问发的东西到哪里了，商家才发现这个东西根本就没有被送达。邮政小包如果需要跟踪，就需要用挂号件，挂号件在原有的价格基础上增加挂号费，对商家来说又是运营成本的增加。

不过，由于邮政小包便宜、方便，还是有巨大市场的，会占据跨境电子商务递送渠道的最大份额。

第一节 跨境电子商务物流概况

一、跨境电子商务物流的概念和特征

（一）跨境电子商务物流的概念

物流作为供应链的重要组成部分，是对商品、服务及相关信息从产地到消费地的高效、低成本流动和储存进行的规划、实施与控制的过程。其目的是为了满足消费者的需求。电子商务物流又称网上物流，是利用互联网技术，把世界范围内有物流需求的货主企业和提供物流服务的物流公司联系在一起，提供中立、诚信、自由的网上物流交易市场，促进供需双方高效达成交易，创造性地推动物流行业发展的新商业模式。

（二）跨境电子商务物流的特征

随着跨境电子商务的高速发展，适应跨境电子商务需求的各种类型和国际物流服务衍生出来。根据物流功能的不同，我们可以把国际物流划分为很多种类，其中商业快递、邮政快递、国际物流专线、海外仓物流等是跨境电子商务企业选择最多的国际物流类型。有别于传统物流，跨境电子商务国际物流强调以下几点。

1. 物流速度反应快速化

跨境电子商务要求国际物流上下游的物流配送对需求的反应非常快，前置时间和配送间隔越来越短，商品周转和物流配送时效越来越快。

2. 物流功能集成化

跨境电子商务将国际物流与供应链的其他环节进行集成，包括物流渠道与产品渠道的集成、各种类型的物流渠道之间的集成、物流环节与物流功能的集成等。

3. 物流作业规范化

跨境电子商务国际物流强调作业流程的标准化，包括物流订单处理模板、物流渠道的管理标准等，使复杂的物流作业流程变成简单的、可量化的、可考核的操作方式。

4. 物流信息电子化

跨境电子商务国际物流强调订单及各种信息处理的系统化和电子化，用ERP（enterprise resource planning，企业资源计划）系统实现标准化的订单处理和物流仓储管理。利用ERP系统对物流渠道的成本、时效和安全性进行有效的考核，以及对物流仓储管理过程中的库存积压、产品延迟到货、物流配送不及时等进行有效的风险控制。

二、跨境电子商务物流的发展现状

跨境电子商务物流是跨境电子商务发展的重要支撑。相比国内快递物流，跨境电子商务物流复杂度大大提升，已经成为跨境电子商务发展的重要痛点之一。因此，我国政府出台多项政策推动跨境电子商务物流建设，众多信息技术也被广泛应用于跨境物流行业，跨境物流行业快速发展。伴随跨境电子商务交易量的持续上升，跨境电子商务物流行业的市场规模也在不断扩大。

我国跨境电子商务的快速发展驱动跨境电子商务物流市场持续增长。以国家邮政局披露的国际及港澳台快递业务量为例，2011—2019 年国际及港澳台快递业务量从 1.1 亿件增至 14.4 亿件，2011—2019 年年均复合增长率达 35%。截至 2020 年年底，国际与港澳台快递业务累计完成 18.4 亿件，同比增长 27.7%。

相较国内快递，跨境电子商务物流路程远，因此物流费率高；相比传统外贸物流，跨境电子商务物流存在需求碎片化、运输频次高，同时全链路物流环节更多，因此物流费率要高。目前跨境电子商务物流费用在整个跨境电子商务成本中占到 20%~30%，比重较高。

我国作为全球制造业大国，拥有全球领先的、稳定的产业链，产品在全球极具竞争力，跨境电子商务物流市场规模明显高于其他国家。根据全球包裹物流查询平台 17Track 公布的统计数据，2019 年 8 月至 2020 年 7 月，在全球跨境电子商务包裹总量中，中国发出的包裹占 60%，遥遥领先于其他国家，中国跨境电子商务出口物流需求在全球占主导位置。

根据网经社公布的数据，2019 年中国跨境电子商务交易规模达 10.5 万亿元，按照 20%的比例计算，2019 年我国跨境电子商务物流市场规模约为 2.1 万亿元。

三、跨境电子商务国际物流与传统物流的差异

无论是跨境电子商务国际物流，还是传统物流，都是在一定的可控成本下、基于对物品的运输流通过程的，这是两者的共同点。但是，跨境电子商务对物流的具

体要求不同于传统物流，两者有明显的差异。

（一）运营模式不同

跨境电子商务"多品种、小批量、多批次、周期短"的运营模式对物流的敏捷性和灵活性提出了更高的要求，电子商务平台在交易后对物流信息进行更新，选择多元化的物流渠道也符合跨境电子商务对国际物流的柔性需求。而传统商业模式"少品种、大批量、少批次、长周期"的运营模式决定了传统物流的固定化和单一性。

（二）附加值不同

对于从事跨境电子商务的商家来说，国际物流并非只具有运输的功能，终端客户的产品体验也包括对物流的时效体验，甚至国际物流的成本决定了产品的竞争力，而传统物流除运输功能外，附加值体现并不明显。

（三）着重点不同

跨境电子商务国际物流强调整合和全球化，而传统物流强调门到门、点对点。

（四）服务模式不同

跨境电子商务国际物流是主动服务，传统物流是被动服务。前者是产品、物流、信息流和资金流的统一，交易完成后商家主动把物流信息发给客户，并时时监控货物，直到完成投递。后者只是完成物品的运输，信息流往往在货物送达以后才显示。

（五）跨境电子商务国际物流注重信息技术

在跨境电子商务的推动下，以信息技术为核心，国际物流全程进行了优化。著名的国际物流服务商致力于开发技术领先的物流 ERP 系统，以提供更全面、更简单的物流信息操作模式，实现跨境电子商务的一体化和智能化。而传统物流的作业流程相对固定，是对单一环节的管理，所以，传统物流对于信息技术的重视程度及其智能化程度远远不如跨境电子商务国际物流。

第二节 跨境电子商务物流的基本类型

一、中国邮政包裹模式

(一)中国邮政小包

中国邮政小包又叫中国邮政航空小包,是中国邮政开展的一项国际邮政小包业务,属于邮政航空小包的范畴,是一个经济实惠的国际快件服务项目。中国邮政小包价格实惠、邮寄方便,具有速度优势,可寄达全球 220 多个国家和地区的邮政网点。中国邮政小包包括平邮小包和挂号小包。

邮政包裹模式得益于万国邮政联盟,成员国之间低成本结算,使邮政包裹(特别是国际航空小包)的物流成本非常低廉,具有很强的价格竞争优势。邮政包裹一般按千克收费,2 千克以内的包裹基本以函件的价格计算,大大提高了跨境电子商务产品综合售价的优势。万国邮政联盟会员国之间的海关清关便利,也使邮政包裹的清关能力比其他商业快递强得多,产生关税或者被退回的比例相对小得多。万国邮政联盟成员国之间强大的邮政网络,使包裹送无不达,在经济发达的欧美国家物流的时效很有保证。国内商家使用的其他邮政服务包括香港邮政、新加坡邮政等提供的服务。

(二)国际 E 邮宝

国际 E 邮宝是中国邮政为适应国际电子商务市场的需要,为中国电子商务商家量身定制的一款经济型国际邮递产品。国际 E 邮宝和香港国际小包服务一样,是针对轻小件物品的空邮产品。目前,该业务限于为中国电子商务商家寄件人提供发往美国、加拿大、英国、法国、澳大利亚和俄罗斯等国家的包裹寄递服务。

该项服务主要是针对小件物品,经济实惠,支持按总重计费,首重 50 克,续重按照每克计算,免收挂号费。其时效较快,一般 7~15 天便可以送达;服务专业,提供包裹订单跟踪号，商家随时可以跟踪到包裹的物流动态。

（三）EMS

EMS 是邮政特快专递服务。它是由万国邮政联盟管理下的国际邮件快递服务，在国内是由中国邮政提供的一种快递服务。该业务在海关、航空等部门均有优先处理权。EMS 为用户传递国际国内紧急信函、文件资料、金融票据、商品货样等物品。

国际 EMS 承诺服务是指邮政部门对从本地寄往其他地区的 EMS 邮件承诺投递日期，对超过投递日期后投递的邮件，承担退还已收取资费的责任。国际 EMS 覆盖中国、澳大利亚、日本、韩国和美国等国的邮件快递网络。邮政网络可为客户提供覆盖面最广的安全、准确、快速的快递服务。

二、国际商业快递模式

（一）DHL

中外运敦豪于 1986 年由 DHL 和中国对外贸易运输集团总公司各注资一半成立。合资公司成功地将 DHL 作为国际航空快递业的领导者的丰富经验和中国对外贸易运输集团总公司在中国外贸运输市场的经营优势结合在一起，为国内各主要城市提供国际和国内的文件、包裹和货物的快递和物流服务。中外运敦豪成立 20 多年来，已经在国内建立了庞大的快递服务网络，国际航空快递服务覆盖 400 多个主要城市，国内航空快递服务可直达上百个主要城市。

（二）TNT

TNT 国际快递是全球领先的快递和邮政服务提供商，其总部位于荷兰，成立于 1946 年，为全球四大快递公司之一，服务遍及全球 200 多个国家和地区，尤其在欧洲国家具有很强的清关能力。TNT 快递服务在国内常见的有全球特快（15N）和经济服务（48N）两种。

（三）FedEx

FedEx（联邦快递）隶属于美国联邦快递集团，为全球超过 220 个国家及地区提供快捷、可靠的快递服务。联邦快递设有环球航空及陆运网络，通常只需一两个工作日，就能将时限紧迫的货件送达，可靠性很高，适合寄送贵重物品和对时效要求高的用户。

（四）UPS

UPS 在 1907 年成立于美国西雅图，是一家全球性公司。UPS 是世界上领先的快递承运商与包裹递送公司。

UPS 每天管理着世界上 200 多个国家和地区的物流、资金流与信息流。通过结合物流、信息流和资金流，UPS 不断开发供应链管理、物流和电子商务的新领域。

上述这些国际快递服务商通过自建的全球网络，利用强大的信息技术系统和遍布世界各地的本地化服务，为通过跨境电子商务平台网购中国产品的海外用户带来极好的物流体验。商业快递的时效基本为 3~5 个工作日，最快可在 48 小时内把货物送到消费者手中。然而，优质的服务伴随着昂贵的价格，这些快递公司适合运送客单价较高或样品等对时效要求较高的物品。

三、专线物流模式

跨境专线物流一般是指国际物流服务商通过航空包舱方式把货物运输到固定的国家或地区，再通过自身在目的国的派送网络或者第三方物流服务商来完成派送的物流模式。专线物流的优势在于其能够集中到某一特定国家或者地区的大批量货物，通过规模效应降低成本。因此，其价格一般比商业快递低。在时效上，专线物流稍慢于商业快递，但比邮政包裹快很多。市面上最普通的专线物流产品是美国专线、欧洲专线、澳大利亚专线、俄罗斯专线、中东专线、南美专线、南非专线等。

四、海外仓模式

海外仓服务指物流服务商为商家在销售目的国存储、分拣、包装和派送货物的一种一站式管理服务。海外仓的成本包括头程运输、仓储管理和本地配送三个部分。

（一）头程运输

中国商家通过海运、空运、陆运或者联运将商品运送至海外仓库。

（二）仓储管理

中国商家通过物流信息系统，远程操作海外仓货物，实时管理库存。

（三）本地配送

海外仓根据订单信息，通过当地邮政或者快递公司将商品配送给客户。

为了提升物流时效和降低物流成本，商家对于一些爆款和动销产品可以有针对性地选择从海外仓发货。

五、国际物流网规认识

商家需要对基本的国际物流知识有一定的了解，能够设置适合自己的运费模板，而且需要对国际物流网规有一定的认识，避免因触犯规定而受到处罚。国际物流网规主要包括以下几个方面。

（一）一些电子商务平台只支持商家使用航空物流方式

例如，速卖通支持 UPS、DHL、FedEx、TNT、EMS、顺丰、中国邮政、香港邮政等提供的航空包裹服务。

（二）商家发货必须采用消费者选择的物流方式

未经消费者同意，商家不得无故更改物流方式。即便商家出于好意采用了更快的物流方式，仍需获得消费者同意，以避免后续产生纠纷。

（三）商家发货通知中的运单号必须真实并可查询

商家需要谨慎选择物流发货渠道，跨境电子商务平台鼓励商家选择平台提供的线上发货物流渠道。对于无法核实真伪的物流跟踪信息，电子商务平台可能不予认可。

（四）关注跨境电子商务平台对物流的规定的变化

例如，在新冠肺炎疫情期间，为提供更好的物流保障及购物体验，速卖通对备货期及发货物流线路进行了调整。针对防疫物资的订单备货期由 7 个工作日调整至 72 小时，即商家在消费者订单支付成功后的 72 小时内未完成发货，订单将被系统关闭，款项退回消费者同时订单计入成交不卖考核之中，所以商家需及时关注后台，保证及时发货。此外，因疫情期间各国海关和物流的特殊限制，平台下线 29 大类目商品的经济、简易、自定义物流线路，即相关品类的商品只能通过速卖通标准线路发货。

第三节　跨境电子商务物流的风险防范法律制度

一、跨境电子商务物流的风险

（一）货物在转运中破损或丢失

常见的货物破损或丢失，有可能是以下几种原因造成的：一是某些货运代理商为了追求更大的利润，选择更换较慢的运输渠道造成的，导致货物上网的信息非常慢；二是由于物流线路较长，在路上车辆颠簸、碰撞，造成货物丢失或破损；三是个别货运代理商扣留高价值产品，但这是极个别的现象；四是物流操作人员不规范操作或暴力分拣。另外，从香港出货的货物还要面临香港代理查货的风险。面对这些问题，商家要选择正规的货运代理商，产品要包装好。

(二）海关查验没收

商家在国内海关查验方面容易出现的问题主要有三个。

1. 假冒产品

我国坚决打击假冒产品，因此海关对假冒产品的查验是非常严格的。

2. 海关禁止出口的产品

例如，电池、粉末、液体、贵金属等禁止出口的产品是无法通过海关查验的。

3. 冲关问题

这里所说的冲关，是指有些商品需要商检，有些货运代理商建议商家虚报货值，以货量较大商品的品名和价格冲关，一旦被海关查出，货物将被退回，严重的将被罚款。因此，商家要遵纪守法，按海关规定出口，尽量避免出现以上问题，在出口产品前了解所需要的出口清单材料，如商检证明、报关文书等。

（三）未通过航空安检

危及航班飞行安全的产品、涉嫌假冒伪劣的产品都无法通过航空安检。因此，运输的货物中有危险品，商家要提供相关证明，并在航空公司备案；对电池类产品，要提供化学品安全技术说明书；避免销售涉嫌假冒伪劣的产品。

（四）转运途中的风险

航空包裹在到达目的地时要经过多次中转，在这个过程中就容易出现问题。在国际物流中转过程中，包裹丢失、恶劣天气导致投递延迟、暴力分拣、外包装破损都是较容易出现的问题。如果货物中有易碎物品，商家要多贴易碎品标签，在发货前多垫泡沫或气泡袋，用木架或木箱保护，以保证产品安全；在货物货值较高的情况下，建议商家购买保险；对时效要求高的货物，商家要注意选择物流方式，慎用邮政包裹。

（五）清关问题

清关中也容易出现问题。例如，关税过高，消费者不愿清关；产品被限制进口；

侵权产品被海关查扣；申报产品价值与实际不符，货物需要退回或在当地弃件及销毁。这些都是比较常见的清关问题。

二、跨境电子商务物流风险的防范措施

（一）选择合适的物流方式

对于物流配送速度要求高的包裹，可以选择商业快递。虽然商业快递费用高，但可以全程追踪，在3~7天到达目的地，消费者的购物体验较好。因此，丢包和客户撤销付款的风险小。在对速度要求不高的情况下，可以选择航空小包。航空小包重量可以限定在2千克以下，特点是便宜、方便、全球通邮，价格统一，但时效不稳定，更新信息慢，丢包和引发客户纠纷的风险大。不同国家的物流环境，特别是物流软环境不同，物流运输方式差异很大。当目的地是欧洲时，可以用DHL、TNT，这两家公司清关能力强。TNT在荷兰、比利时优势明显。DHL的优势区有罗马尼亚、保加利亚、摩尔多瓦、匈牙利等。EMS的优势区有希腊、俄罗斯、土耳其等。在亚洲，韩国、日本，以及泰国等东南亚国家适合FedEx、DHL。这两家时效快，但DHL的价格高。对印度尼西亚，建议使用DHL，因为它的清关能力强。对于加拿大、美国等美洲国家，FedEx、UPS、DHL比较适合，它们的清关能力强，速度快。墨西哥适合FedEx。阿根廷、巴西适合中国邮政EMS。在中南美洲国家，FedEx有价格优势，但要小心清关风险。在大洋洲国家，DHL、UPS速度快，但价格高；TNT、FedEx价格低，但网点少。在中东地区，适合中东快递ARAMEX、EMS。非洲的商业快递非常贵，偏远地区多，建议使用EMS。总而言之，EMS在各国的通关能力最强，航空小包能到达商业快递和邮政快递到达不了的很多国家和地区，几乎遍及全球。

（二）签订合同需慎之又慎

现代物流不是简单的代理、运输、仓储、保管、报关等合同的签订。它出售的是一个方案，是按一定流程管理的设计方案，该流程要解决企业遇到的各种疑难问题，达到简化程序、降低成本、提高管理水平、提高企业经济效益和市场竞争能力

的效果，合同涉及的环节多、时间长、要求复杂。所以，签订物流合同时应注意合同的合理性、完善性、可行性和经济性。

（三）投保责任险

现代物流业务中的风险保险已经出现，但大多数的传统物流商只停留在投保货运代理责任险的阶段。物流商应慎重考虑投保责任险，将其责任风险事先转移才是上策。值得注意的是，适用的法律与合同条款中的物流商免责条款越少，赔偿限额越小，保费就越高，反之，保费就越低。一家物流商分散单项去投保，保费较高，由几家公司集中多项去投保，保费较低。当然，影响保费高低的还有其他因素，如公司的资信情况、营业额、人员素质、管理水平、运输工具、运输方式、目的地等。另外，物流商投保责任险，就是为了在自己需要承担责任时，能及时从保险公司得到赔偿。

（四）高度重视商品的特殊性

对每个项目都要进行评估，分析风险的性质，找出主要风险在哪里，给予高度重视。对一些特殊商品，如贵重商品和危险品，或要求较苛刻的商品，要予以重视。当发生信息故障，引起计算机系统失灵时，对特殊商品更要有应急机制与处理办法。

拓展阅读

速卖通物流规则解析

速卖通商家必须按照如下物流规则选择发货的物流方式。

1. 俄罗斯

（1）订单实际支付金额>5美元的订单：允许使用标准类、快速类物流服务，不可使用经济类物流服务（无挂号平邮）及简易类物流服务发货。

（2）订单实际支付金额>2美元且≤5美元的订单：允许使用线上简易类物流服务、标准类和快速类物流服务，不可使用经济类物流服务（无挂号平邮）及线下简易类物流服务发货。

（3）订单实际支付金额≤2美元的订单：允许使用线上简易类物流服务、线上经济类物流服务、标准类和快速类物流服务，不可使用线下经济类物流服务（无挂号平邮）及线下简易类物流服务发货。

2. 美国

（1）订单实际支付金额>5美元的订单：允许使用标准类物流服务中的"E邮宝""速卖通无忧物流-标准"（特殊类目商品除外）及快速类物流服务，其他标准类物流服务及经济类物流服务不可使用。

（2）订单实际支付金额≤5美元的订单：允许使用标准类、快速类物流服务及线上经济类物流服务，线下经济类物流服务（无挂号平邮）不可使用。

3. 西班牙

（1）订单实际支付金额>5美元的订单：允许使用标准类物流服务中的"AliExpress无忧物流-标准"（特殊类目商品除外）及快速类物流服务，其他标准类、简易类物流服务及经济类物流服务不可使用。

（2）订单实际支付金额≤5美元的订单：允许使用线上经济类物流服务的"中外运西邮经济小包"、线上简易类物流服务、标准类物流服务及快速类物流服务，线下简易类物流服务及线下经济类物流服务不可使用。

4. 法国、荷兰、智利

（1）订单实际支付金额>5美元的订单：允许使用标准类物流服务中的"速卖通无忧物流-标准"（特殊类目商品除外）及快速类物流服务，其他标准类及经济类物流服务不可使用。

（2）订单实际支付金额≤5美元的订单：允许使用线上经济类、标准类及快速类物流服务，线下经济类物流服务不可使用。

5. 巴西、乌克兰、白俄罗斯

所有订单不可使用经济类物流服务。

6. 其他国家

（1）订单实际支付金额>5美元的订单：允许使用标准类及快速类物流服务，经济类物流服务不可使用。

（2）订单实际支付金额≤5美元的订单：允许使用标准类、快速类物流服务及线上经济类物流服务，线下经济类物流服务不可使用。

资料来源：雨果跨境

思考与练习

1. 简述跨境电子商务与国际物流的关系。
2. 简述跨境电子商务的国际物流模式。
3. 在跨境电子商务中，产品如何定价？

案例分析

一家速卖通店铺于2016年2月成立，主要经营孕、婴、童类目，包括童装和童鞋等很多产品。经过一段时间的运营，店铺的业绩慢慢上升，产生很多订单。由于各种各样的原因，个别消费者"提起纠纷"，原因主要集中在没有如期收到货物、货物在运输途中破损和丢失等方面。在物流过程中，由于包装较差导致货物破损或者丢失成为消费者提起纠纷的主要原因。

问题：

1. 速卖通平台的商家如何有效降低运输途中的货物破损问题？
2. 一旦消费者因货物丢失或破损问题提起纠纷，如何通过沟通妥善地解决问题？

第七章

跨境电子商务税收法律制度

本章概要

本章主要围绕国际上主要国家和国际组织的跨境电子商务税收法律制度的基本概况和未来税收法律制度的发展与完善展开。第一节介绍国际上主要国家和国际组织现行税收法律制度的基本情况;第二节介绍我国跨境电子商务税收法律制度的基本情况。

学习目标

1. 了解各国和主要国际组织的电子商务税收的基本概况。
2. 掌握现行的与跨境电子商务税收有关的法律制度。

重点和难点

▶重点：如何健全和完善税收法律制度？
▶难点：防范偷逃税务现象，并通过法律制度加以规范。

案例导入

2017年11月16日,某跨境电子商务企业以保税电子商务 A 方式向海关申报进口洗手液,申报税号 3402209000,申报数量 46 656 瓶,申报总价人民币 699 840 元。经查,当事人实际进口货物为化妆品,应归入税号 3304990011,数量 46 656 瓶,实际成交价格为人民币 1 400 955 元。

海关根据《海关行政处罚实施条例》第十五条第（二）项的规定,决定对当事人科处罚款。本案是一个典型的申报不实违规案件,涉及品名与价格的申报不实：品名申报不实,可能涉及关税税率的差异,从而漏缴关税；价格申报不实,也可能导致漏缴关税。即使申报不实没有涉及关税的漏缴,也可能因为错误申报被定性为影响监管秩序。这类案件经常发生在一般进出口贸易中。

第一节 跨境电子商务税收制度概况

一、国外电子商务税收征管现状

对电子商务的税收立法一直是世界各国、国际组织等关注的热点,以欧美国家为代表的发达国家、为数众多的发展中国家对电子商务立法进行了深入的探讨。随着电子商务的不断发展,国际间电子商务新形式不断涌现,各国、各国际组织的立法者的观点也在不断地发生变化。本节介绍几个典型国家和国际组织对跨境电子商务税收征管的态度,以此作为完善我国跨境电子商务税收立法的基础。

目前已对电子商务征税的国家并不多,大多数国家和地区尚处于对电子商务征税做准备的阶段。

（一）将电子商务征税付诸实践的举措

1. 税种的选择

当前已对电子商务征税的国家基本上采取拓展现行税制的做法,将电子商务纳入现行税制的征税范围。欧盟对电子商务征收增值税。对电子商务征收增值税有其必要性。印度对电子商务征收预提税。印度税务当局规定,对在印度境内使用计算机系统,而由印度公司向外国公司付款的,均视为来源于印度的特许权使用费,并在印度征收预提税。

2. 征管机构的建立

鉴于电子商务与传统商务有着显著的差别,有些国家结合本国实际情况建立了相应的电子商务税收征管机构,以便集中专业人员加强对该项税收的控管。日本税务局组建电子商务税收稽查队就是一个典型的例子。

(二)为电子商务征税做准备的举措

1. 加强研讨

各国在对电子商务征税之前都会组织专家学者开展研究,并让社会各界参与讨论,努力取得共识,减少在实施过程中的阻力。澳大利亚税务局发布名为《税收与国际互联网》的讨论报告,试图引起对电子商务税收问题的国际大讨论。经济合作与发展组织(OECD)已承担起讨论、研究、制定电子商务税收政策的职责,其召开的国际电子商务会议决定成立由国家政府机构代表、企业代表、国际组织代表参加的五个技术小组,专门研究电子商务税收征管实践中出现的一些具体问题。

2. 完善法规

建立在传统商务基础上的税收法律法规已不适应电子商务的发展要求,在对电子商务征税之前,修改完善相应的税收法律法规是一项重要的基础性工作。美国财政部早在1998年下半年就公布了一系列有关软件交易划分的国内法规,新西兰等国家在法律上已经认可电子发票。

对电子商务征税并不因发达国家或发展中国家而有所不同。欧盟和日本的电子商务比较发达,对电子商务的征税问题已提上议事日程,而且进入实质性操作阶段。但是,对发展中国家来说,由于基本上是电子商务的净输入国,对电子商务征税并强化控管显得更加迫切,否则将流失大量税收。

二、对我国电子商务税收征管的建议

（1）成立专门机构，加强对电子商务涉税问题的研究。电子商务的发展在很多方面超出了我们以传统思维方式所做的预测。我国应就传统税收理论、原则、政策、制度等对电子商务的适用性问题深入探讨，成立专门的研究机构或专家小组，加强对电子商务相关税收政策的研究，为政府部门决策提供方案和建议。

（2）修改、完善有关税收的法律法规，对纳税人做出新的定义，制定《电子发票管理办法》，以适应对电子商务征税的需要。

（3）加强安全保密管理。税务机关在征管软件的开发设计、应用操作、微机联网等各环节，充分考虑税务保密因素，其他部门和单位在没有履行必要手续的情况下，不应通过互联网查询有关纳税人及税务机关的保密资料。此外，企业应将计算机超级密钥备份，交由国家指定的保密机关保存，并建立一个密钥管理系统。税务机关在必要时可取得企业计算机的超级密钥，从而加大税务稽查力度。

三、各国间立法的相互比较及其对我国的启示

各国根据各自的国情，以不同的税收政策来最大限度地维护本国的利益，相互间既存在分歧，又存在共识。跨境电子商务作为传统电子商务发展到新阶段的一种特殊贸易形式，传统电子商务税收政策依然具有延续性，有着充分的借鉴意义。

第二节　我国跨境电子商务税收征管法律制度及完善

随着跨境电子商务在进出口贸易中的份额逐渐提高，我们应当坚持实质课税的

原则。跨境电子商务并没有改变其作为以商品或劳务为交易对象的对外贸易的本质，对跨境电子商务征税是维护市场公平的必然选择。当前我国的相关税收法律制度不能完全适应信息化时代的要求，不能对跨境电子商务的税收征管提供有利的法律保障，因而完善跨境电子商务税收征管的法律制度就显得尤为必要。下面对我国跨境电子商务立法现状进行梳理，针对跨境电子商务对我国税收体制的影响，给出一些立法建议。

一、我国跨境电子商务税收立法的现状

我国第一部真正意义上应对信息化的法律是2005年4月1日正式实施的《电子签名法》。这部法律首次对电子签名进行了法律上的确认，正式确立了电子签名的法律效力。对外贸易电子商务的立法，参照《企业所得税法》及其实施细则、《个人所得税法》及其实施细则、《税收征收管理法》及其实施细则等法律法规。从事经营活动的自然人、法人或其他组织，都是我国的纳税人，具有纳税义务，应当依法进行纳税登记。对于纳税申报，主要参照《税收征收管理法》第二十五条，这一条规定了应纳税人必须进行纳税申报的义务，同时为税务机关进行有效的税收监管提供了相应的法律依据。但是，这些规定都是粗线条式的，并不能有效应对当下跨境电子商务这种新的业态形式，并没有授予税务机关直接有效的权力对跨境电子商务的应纳税行为给予有效的税收监管。政府部门一直高度关注电子商务的发展，为规范市场秩序进行相应的努力。2013年8月21日，商务部等部门联合颁发《关于实施支持跨境电子商务零售出口有关政策的意见》，其中第6条要求财政部和税务总局制定相应的支持跨境电子商务发展的税收政策。为了规范网络交易活动，维护网络交易秩序，保障网络交易各方主体合法权益，促进数字经济持续健康发展，2021年3月15日，国家市场监督管理总局出台《网络交易监督管理办法》，自2021年5月1日起施行。

我国另外一部具有划时代意义的关于电子商务方面的法律《电子商务法》于2019年1月1日起正式施行，这部法律对于国内及跨境电子商务的发展起到了巨大的作用。

第一，填补了电子商务领域的法律空白，从监管层面认同这一商业模式的合法地位，并为行业竞争提供了法律依据。

第二，明确了电子商务平台的义务。电子商务是网络上的商业行为，电子商务平台有义务对平台上经营的商品进行审查。电子商务的从业者要为消费者购买的商品负责，要严格把控产品质量安全。

第三，规范了电子商务行为，杜绝商家凭借技术、服务和地位优势，侵害用户的合法利益。

电子商务经营者应当依法履行纳税义务，并依法享受税收优惠。依照该法规定，不需要办理市场主体登记的电子商务经营者在首次纳税义务发生后，应当依照税收征收管理法律、行政法规的规定申请办理税务登记，并如实申报纳税。电子商务平台经营者应当按照规定向市场监督管理部门报送平台内经营者的身份信息，提示未办理市场主体登记的经营者依法办理登记，并配合市场监督管理部门，针对电子商务的特点，为应当办理市场主体登记的经营者办理登记提供便利。

二、我国跨境电子商务税收立法的完善

（一）跨境电子商务税收征管的原则

我国现有的税收法律制度，以税收法定、公平、效率为基本原则，该原则具有模糊性，是我国税收法律制度统领性原则。我们应当在坚持国家税收基本原则的基础之上，完善跨境电子商务税收法律的具体原则。

1. 坚持税收中性原则

从对外国立法的国际考察来看，各个国家为了在信息革命的浪潮中壮大本国的实力，都在极力促进本国跨境电子商务的发展。各国都在努力促进跨境电子商务发展的同时，努力为未来更好地对跨境电子商务税收征管进行法律制度的探索。我国对待跨境电子商务税收征管方面也应当坚持税收中性原则，不对其征收新税或附加税，尽量把跨境电子商务税收征管约束在现有的税法体制内。只有让跨境电子商务这一贸易形式更好地发展，才能促进我国实体经济的不断发展，才能从根本上扩大税基。

2. 坚持国家税收管辖权原则

当前国际上几个在电子商务领域影响比较大的国家，有着一般发展中国家无法

比拟的优势,大肆鼓吹把电子商务免税作为国际通行的标准,这是一种对发展中国家国际税收管辖权的错误引导。这侵蚀了现行国家税收管辖权的基础,使国际税法调整的最基本范畴——国家税收管辖权——出现了弱化的趋势。我国作为发展中国家,应当坚持收入来源地税收管辖权原则,以维护我国的国际税收管辖权。我国的跨境电子商务税收政策,必须把维护我国的税收利益放在首位,坚持国际税收方面的属地原则,强化国家国际税收管辖权。

3. 维护公平原则

亚当·斯密在《国富论》中强调税收四原则——平等、确定、便利和最少费用,把公平作为税收的首要原则。税收必然会造成应纳税人利益的减少,纳税人缴纳税款是否公平、公正就显得格外重要了。对跨境电子商务征税,主要考虑到其对传统贸易形式的冲击,如果使其免税,对其他竞争者不公平,不利于营造市场公平竞争的氛围。同时,对跨境电子商务征税,也要考虑到不能让其承担额外的负担,不能扩大税法适用的范围。

(二)建立跨境电子商务税务登记制度

跨境电子商务应该作为电子商务的一个重要组成部分,我国现在还没有一部专门的税收征管法对跨境电子商务的税收问题予以明确的说明。现有的税收法律体制,让电子商务领域的主体只能诉诸民法、经济法及部委规章等。完善跨境电子商务的税收征管,立法机关首先应当建立完善跨境电子商务的税务登记制度。2021年3月国家市场监督管理总局颁布的《网络交易监督管理办法》明确要求从事电子商务的自然人、法人必须进行工商登记。

跨境电子商务税务登记相关法律的出台应当考虑税务信息登记的全面性、准确性和可操作性。税务机关对跨境电子商务的税收登记,需要税务机关与网络域名管理机构、市场监督管理机关、电子商务平台、金融等部门相互协调,对经营者的域名、工商登记注册号、资金号等进行核查登记,确保税务登记信息的完整性,便于税务机关对经营者经营情况的监管。对跨境电子商务的税务登记,除完成《税务登记管理办法》规定内容外,还应当报备一些与跨境电子交易相关的关键资料,如企业所用的域名、网址、服务器相关信息等,以方便税务机关对跨境电子商务的从业者进行有效的分类和管理。对于经营者的登记行为,税务机关可以采取电子化的方式来方便纳税人进行税务登记。为防止部分跨境电子商务经营者故意不主动进行税务登记，应当加强税务机关运用信息化技术进行纳税监察的能力。相关税务登记法律的出台，建立跨境电子商务税务登记制度，能够帮助税务机关全面掌握跨境电子商务经营者的基本信息，为对跨境电子商务的税收征管进行实时的监管提供保证。

（三）流转税制度的改革

我国目前对跨境电子商务进行税收征管主要依靠现有的税收征管体系，并没有对所有的跨境电子商务行为进行征税，税收征管范围有一定的局限性。

我国目前对跨境电子商务征税的形式主要以流转税为主，对跨境电子商务进行征税的大体框架已经初步形成。部分跨境电子商务行为可以归入现有的税收法律制度管辖，这给下一步的法律完善指明了方向。对线上无形商品贸易的界定尚属法律空白，为弥补这一立法空白，还需要对一些概念、原则和条款重新界定，并增加对跨境电子商务适用的特别条款。

我国对无形商品的线上交易没有可适用的法律，主要是因为流转税制度在我国税收征管体系中比较落后。我国的流转税制度多以政府规章的形式存在，立法层级低，种类多，容易发生冲突。在这方面，我们可以借鉴欧盟通行的增值税制度，把流转税单一化，这样可以把流转税的范围扩大到所有生产环节。由于种种原因，我国把增值税、营业税区分开来，使增值税只能覆盖部分生产环节，另外的生产环节由营业税来协调。我国下一步的税制改革应当继续扩大增值税的范围，使我国流转税制度与国际接轨。因而，我国可以适当扩大增值税的课税范围，对线上无形商品的交易征收增值税。流转税的改革，增值税与国际接轨，可以将跨境电子商务中所有类型的贸易归为一类，可以大大地方便对跨境电子商务税收的征管。应当指出的是，在以增值税对跨境电子商务征税时，应当借鉴欧盟的做法，以消费地作为征税的原则，借助税务机关与银行等金融机构的互联互通，由金融机构进行税收的代扣代缴。这样能够最大限度地维护我国的税收管辖权，能够更好地对跨境电子商务进行税收征管。

在未来的跨境电子商务税收立法中，应当明确将所有类型的跨境电子商务活动纳入税收征管体系之中，不同类型的课税对象适用不同的税收标准。改革流转税体制，扩大增值税的适用范围。同时，对于结汇、退税等税收优惠政策予以明确的规定，切实保障应纳税人的法律权益。

（四）电子发票法律效力的完善

跨境电子商务税收的监管需要加强对流通环节的监管，税务凭证发挥着至关重要的作用。由于跨境电子商务具有虚拟化、无纸化的特性，税收征管的电子化成为未来发展的必然趋势，其中电子发票可以成为对跨境电子商务进行征税的有力凭证。当前，从国际、国内的立法趋势上看，对电子商务进行征税已经成为各个国家的共识。对跨境电子商务征税，电子发票制度是一个重要的发力点，可以从法律制度层面为税收征管提供有利的保障。从 2013 年 4 月 1 日起施行的《网络发票管理办法》，明确规定在全国试行电子发票。从这一条款可以看出，我国正在全力推广电子发票的使用，这是顺应时代发展而对自身制度进行优化的结果。电子发票具有成本低、真实性高、便于防伪、利于税收征管等优势，税务机关可以随时对开票人的信息进行查询。通过发票在线系统，开票人将票据信息上传至服务器，清晰的记账清单可以作为企业开机记账的原始凭证。

不过，电子发票的推广也面临许多瓶颈，需要从法律层面解决。一方面，电子发票入账报销难。税务、会计方面的法律规定，对于入账报销的发票必须是纸质发票，这就造成现实生活中电子发票的报销难题，很多人因为电子发票难以入账而拒绝电子发票。法律制度障碍成为电子发票推广的一个主要障碍，因此必须确立电子发票效力的合法性，赋予电子发票合法入账的法律地位，使其真正发挥作为应纳税人入账凭证、税务机关监察凭证的重要作用。另一方面，电子发票法律效力问题亟待法律确立。从全国推行电子发票的试点城市看，国内电子发票都是以各省区为片，各个电子发票系统各自为政，不能互联互通。目前国内电子商务纳税的方式主要有两种，一是以消费行为地为原则，二是以经营主体所在地为原则。消费行为地大多为消费者所在地，纳税主体为电子商务企业在当地的分公司。交易主体主要为电子商务企业总部所在地，纳税主体是公司总部。由于税源的归属存在问题，使电子发票的效力大大降低，不仅报销难，而且不能作为抵扣税收项目的凭证。增值税申请抵扣=销项税（以销售额计）-进项税（以进货价计），所得税也可以申请递减项目，但必须出具有效的凭证，电子发票本身并不具备普通发票的法律效力。在当前的国内试点中，电子发票的法律效力并没有得到法律的明确规定，因而不能使其真正地发挥税收凭证的作用。

《网络发票管理办法》对推广电子发票作用巨大，对跨境电子商务中电子发票的使用具有重要的意义，然而电子发票的推广和普及还有很长的路要走。全国性、标准统一的电子发票制度可以有效地推动我国电子商务的发展，对跨境电子商务税收征管意义重大。这需要全国的税务机关、信息技术提供商及网络运营商相互合作，力推电子发票在全国的使用。电子发票制度的完善是一个系统工程，需要各个部门协同，更加需要法律制度作为保障。

（五）其他税收征管配套制度的完善

1. 税务征管的信息化建设

跨境电子商务的税收征管需要加强税务机关的信息化建设，运用计算机技术和网络技术作为税收征管的手段。税务征管信息化有两方面的优势：一方面能够提高税务机关对跨境电子商务税收的监管力度，通过对跨境贸易数据的比对，可以实现对网络交易税源的有效控管；另一方面可以提高税务机关处理税务的效率，提高税务机关对跨境电子商务税收征管的质量。对纳税人而言，可以方便快捷地进行税务申报。税务机关信息化建设的方向是税务征管平台的一体化建设，通过与电子商务平台、银行、第三方支付机构联网来解决跨境电子商务税收征管中的问题。与电子商务平台联网，税务机关可以第一时间掌握贸易信息；与银行联网，税务机关可以全面掌握应纳税企业对外结汇的现金流情况；与第三方支付机构联网，税务机关可以掌握跨境小额交易情况。税务征管平台的一体化建设有赖于健全的金融服务制度和高度发达的信息技术，金融、税务、海关、法院、财政等部门互联，共享信息。税务机关通过对数据库的过滤、筛选、挖掘，可以有效地获取涉税信息，这其实就是大数据在税务征管中的应用。大数据在构建现代化的税收征管平台中提供了一种新的思路，对税务机关全面掌握税务信息有着至关重要的作用。

2. 加强国际间税收协调

随着各国对跨境电子商务税收立法的完善，国家间的税收分配也成为一个不可避免的问题。我国要与世界各国谈判税收管辖权的范围，避免对跨国纳税人重复征税，做好国际间税收的协调。同时，由于跨境电子商务与传统电子商务的最大区别在于跨国性、可流动性，这就使税务机关和应纳税人信息的错位，税务机关不能有效地掌握交易的信息、跨国纳税人的信息，难免出现国际间偷税、避税的问题，各国之间的协同合作就显得尤为重要。跨境电子商务的发展，将极大地改变全球外贸的状况，国际间协调的不仅是避免双重征税、消除关税壁垒，还包括各国税收制度等方面的协同。未来更加长远的目标是减少各国税收法律的冲突，把国家间的双边协议变为多边协议，进而为建设全球一体化的纳税体系而不断努力。国际间因跨境电子商务税收引起的各国的摩擦在所难免。我国应当积极参与国际间双边、多边协作，积极参与国际间税收的协调，在尊重他国税收主权的同时，切实维护我国的利益。

拓展阅读

跨境电子商务综合试验区企业有关税务问题的答复
国家税务总局汕头市税务局（2020-07-15）

近期，接到汕头市商务部门收集到的跨境电子商务综合试验区企业有关税务问题，市税务部门根据有关税收政策规定，就相关问题逐条进行答复，具体如下：

1. 我是一家新设立的外贸企业，已完成外贸经营权备案登记，想开展跨境电子商务出口业务，请问需要到税务局备案登记，取得什么证照吗？

答：（1）根据《国家税务总局关于落实"三证合一"登记制度改革的通知》（税总函〔2015〕482号）的规定，新设立企业、农民专业合作社（以下统称"企业"）领取由工商行政管理部门核发加载法人和其他组织统一社会信用代码（以下称"统一代码"）的营业执照后，无须再次进行税务登记，不再领取税务登记证。企业办理涉税事宜时，在完成信息确认后，凭加载统一代码的营业执照可代替税务登记证使用。（2）根据《财政部、国家税务总局关于跨境电子商务零售出口税收政策的通知》（财税〔2013〕96号）的规定，从事跨境电子商务零售出口的企业，如果属于增值税一般纳税人的，就要向主管税务机关办理出口退（免）税备案。

2. 我是在跨境电子商务监管清关中心备案的一家跨境电子商务进出口企业，想开展跨境电子商务出口业务，如何享受"无票免税"政策？

答：根据《财政部 税务总局 商务部 海关总署关于跨境电子商务综合试验区零售出口货物税收政策的通知》（财税〔2018〕103号）规定，对跨境电子商务综合试验区电子商务出口企业出口未取得有效进货凭证的货物，同时符合下列条件的，试行增值税、消费税免税政策：（一）电子商务出口企业在综合试验区注册，并在注册地跨境电子商务线上综合服务平台登记出口日期、货物名称、计量单位、数量、单价、金额。(二)出口货物通过综合试验区所在地海关办理电子商务出口申报手续。(三)出口货物不属于财政部和税务总局根据国务院决定明确取消出口退(免)税的货物。

3. 我是跨境电子商务监管中心的承建方和运营方，前期建设投资较大，目前运营尚未收回投资成本，是否能扣减前期投资成本，免交所得税？

答：《中华人民共和国企业所得税法》第五条规定，企业每一纳税年度的收入总额，减除不征税收入、免税收入、各项扣除及允许弥补的以前年度亏损后的余额，为应纳税所得额。第二十二条规定，企业的应纳税所得额乘以适用税率，减除依照本法关于税收优惠的规定减免和抵免的税额后的余额，为应纳税额。

4. 我是在跨境电子商务监管清关中心备案的跨境电子商务平台运营方，核定征收的跨境电子商务所得税如何计算？

答：跨境电子商务监管清关中心备案的跨境电子商务平台运营方纳税人，如果具有《国家税务总局关于印发〈企业所得税核定征收办法〉(试行)的通知》(国税发〔2008〕30号)第三条核定征收企业所得税情形的，采用核定征收方式征收企业所得税。税务机关应根据纳税人的具体情况，核定应税所得率或者核定应纳所得税额。实行应税所得率方式核定征收企业所得税的纳税人，经营多业的，无论其经营项目是否单独核算，均由税务机关根据其主营项目确定适用的应税所得率。

根据《国家税务总局关于跨境电子商务综合试验区零售出口企业所得税核定征收有关问题的公告》(国家税务总局公告2019年第36号)规定，自2020年1月1日起，对符合条件的跨境电子商务零售出口企业所得税实行核定征收，应税所得率统一按4%来确定。

采用按收入总额核定应税所得率方法核定征收的，纳税人"应税收入额"等于收入总额减去不征税收入和免税收入后的余额，用公式表示为：应税收入额=收入总额-不征税收入-免税收入。其中，收入总额为企业以货币形式和非货币形式从各种来源取得的收入。应纳所得税额计算公式如下：应纳所得税额=应纳税所得额×适用税率，应纳税所得额=应税收入额×应税所得率。纳税人如符合小型微利企业优惠政策条件的，可享受小型微利企业所得税优惠政策；其取得的收入属于《中华人民共和国企业所得税法》第二十六条规定的免税收入的，可享受免税收入优惠政策。

5. 跨境电子商务线上综合服务平台登记企业全部需要实行核定征收吗？

答：根据《国家税务总局关于跨境电子商务综合试验区零售出口企业所得税核定征收有关问题的公告》（国家税务总局公告2019年第36号）的要求，并非要求对所有平台登记企业一刀切实施核定征收。物流企业和代理报关企业以前年度实行查账征收的，符合条件的今后可以不变更征收方式，不强制要求必须按报关收入总额的4%核定征收企业所得税。

6. 取得增值税一般纳税人资格或收入规模较大的跨境电子商务出口零售企业可以核定征收吗？

答：符合条件的跨境电子商务出口零售企业如未能取得有效进货凭证，不能清晰核算成本费用，即使是增值税一般纳税人也不影响企业所得税核定征收方式的鉴定。

7. 跨境电子商务企业同时经营多业的，如何确定是否属于零售企业？

答：实行应税所得率方式核定征收企业所得税的纳税人，经营多业的，无论其经营项目是否单独核算，均由税务机关根据其主营项目确定适用的应税所得率。

由于主营项目是指纳税人所有经营项目中收入总额、成本（费用）支出额或者耗用原材料、燃料、动力数量所占比重最大的项目，因此，跨境电子商务企业从事零售业务的收入总额是所占比重最大的项目时，才是36号公告所指的"零售出口企业"。

8. 跨境电子商务出口零售企业核定企业的收入总额按4%应税所得率计算企业所得税，收入总额如何确定？

答：按照《中华人民共和国企业所得税法》规定，企业以货币形式和非货币形式从各种来源取得的收入，为收入总额，包括销售货物收入、提供劳务收入、转让财产收入、股息、红利等权益性投资收益、利息收入、租金收入、特许权使用费收入、接受捐赠收入和其他收入。计算收入总额时不能扣除各项费用。

思考与练习

1. 跨境电子商务税收涉及哪些问题？
2. 现行的跨境电子商务税收法律制度有哪些？
3. 跨境电子商务税收法律制度应当如何完善？

案例分析

案例1：

某跨境电子商务企业于2019年12月13日、2019年5月23日以保税电子商务监管方式向海关申报进口乳胶护颈枕、乳胶床垫等两批次乳胶护用品。上述两批货物纳入跨境电子商务专用仓库A的跨境电子商务保税备货管理。当事人作为保税仓经营管理方，因A保税仓库存饱和，货物无法正常入仓，遂将上述货物存放于跨境电子商务保税专用仓库B，对应货物仍使用保税仓A保税账册。当事人上述调仓行为未向海关报告，其调仓过程也未接受海关监管，并造成保税账货不符，造成海关监管活动中断，已构成违反海关监管规定的行为。海关决定对当事人进行行政处罚。

问题：1. 该企业是否应该受到处罚？

2. 处罚的依据是什么？

案例2：

某海关于2019年11月26日对当事人进口商品进行查验时，发现以直邮跨境电子商务模式进口的商品包含创口喷雾、静脉曲张片等药品。该批药品不属于跨境电子商务正面清单的范畴，属于国家限制进出口的物品，且当事人未提供进口药品和销售药品的许可证件。

当事人进口国家限制进口的商品未提交许可证件，根据有关法律规定，海关决定对当事人涉案进口商品不予放行，并处以罚款；另，根据《中华人民共和国海关行政处罚实施条例》第五条规定，责令当事人提交涉案商品进境许可证件。

问题：1. 该企业是否应该受到处罚？

2. 处罚的依据是什么？

第八章

跨境电子商务海关监管和检验检疫法律制度

本章概要

本章主要介绍了跨境电子商务的海关监管和检验检疫制度。海关监管部分主要介绍海关监管的内涵、目标和基本概况，海关监管目前存在的主要问题和挑战，以及如何优化跨境电子商务的海关监管。跨境电子商务的检验检疫部分主要介绍检验检疫的概况、分类管理、清关管理、备案制度等相关内容。

学习目标

1. 跨境电子商务海关监管的内涵。
2. 跨境电子商务海关监管的目标。
3. 跨境电子商务海关监管的优化方式。
4. 跨境电子商务检验检疫的基本内涵。
5. 跨境电子商务海关监管清单管理。
6. 跨境电子商务海关监管的备案管理。

重点和难点

▶重点：掌握跨境电子商务的海关监管。
▶难点：跨境电子商务的检验检疫制度。

案例导入

跨境电子商务"刷单"走私频发

江门海关查处两起通过跨境电子商务渠道走私珍贵箱包、奶粉、化妆品、保健品等商品入境案件。两名犯罪嫌疑人通过"开票"的方式,向海关申报虚假订单、付款单、快递单,并通过跨境直购的方式申报走私货物和本应在一般贸易中进口的货物。清关后,货物通过国内物流配送给国内发货人。初步估算案值达1.7亿元。

郑州海关接到群众举报,称其个人身份信息和跨境电子商务交易额度被盗。通过对相关数据的监测分析,海关人员发现郑州某公司涉嫌以跨境电子商务方式伪造单证、少报、瞒报进口商品。因此,海关立即清点了嫌疑公司仓库中的货物,发现该公司货物的实际库存与海关掌握的数据相差甚远。

郑州海关缉私部门调查发现,犯罪嫌疑人所在的郑州某公司在2017年至2018年期间,使用伪造的用户信息购买虚假的支付票据、物流票据,将一般贸易中的进口货物谎报为跨境电子商务零售进口。以"单单"的方式,谎报贸易性质,虚报价格,化整为零,从欧洲走私到国内的奶粉、红酒等8 000多种商品。

广州海关通报的两起跨境电子商务走私案件完全相同。2017年至2018年,广东某供应链公司为赚取高额利润,与广州某具有跨境电子商务业务资质的公司串通,非法使用在国内大型全球购物网站等线上商场设立的母婴店预留的客户订单,以及通过与个别商业银行合作等多种渠道获取的大量公民个人信息,并从境外大量采购进口奶粉和营养粉,通过跨境电子商务向海关申报进口奶粉,申报价格约为实际成交价格的60%~70%。在虚报价格的同时,走私团伙涉嫌利用跨境电子商务零售进口关税税率为0的税收政策,通过虚开"三单"(订单、付款单、快递单)来逃税,而实际上应该按法定应纳税额的70%征收增值税、消费税。

第一节 跨境电子商务海关监管

一、跨境电子商务海关监管基本现状

（一）海关监管基本含义

海关作为出入境监督管理部门，承担跨境电子商务的监管职责，一方面要提供便利、促进发展，另一方面要控制风险、打击违法行为，为跨境电子商务提供公平公正、规范有序的市场竞争环境。所谓海关监管，是指海关为规范和管理出入境行为，实现贸易及其管理目标而设定的进出口申报、查验、征税制度。跨境电子商务的现行海关监管有一般贸易货物通关监管、快件及邮递物品通关监管、跨境产业园区监管、非商平台跨境电子商务监管等几种模式。当前，跨境电子商务飞速发展，对海关传统监管带来了严峻的挑战。

据统计，2019年，我国出口的邮件、快件量超过21亿件，重量约75万吨，这些邮件、快件基本上都是通过航空方式来运输的，主要目的地集中在欧洲、北美洲和亚洲。其中，邮政快递企业自有飞机的承运量占了20%，其余的80%主要是通过客机的腹舱和其他航空公司的货机来运输的。目前，邮政航空、顺丰航空、圆通航空自有的货机总数已经突破了100架，国际航线30多条。

为适应跨境电子商务的发展，海关提出一般出口、特殊区域出口、网购保税和直购进口等四种类型的海关通关模式，由海关总署开发的全国统一的跨境电子商务通关系统于2014年7月1日正式上线运行，并率先在广东投入使用。这个通关系统依托电子口岸平台，实现和电子商务、物流、支付三方企业的高效对接，通过"清单核放、汇总申报"的方式，实现便捷通关和有效监管，提高通关效率，降低企业成本。

（二）海关监管目标

海关监管是国家治理的有机组成部分，要与国家的发展规划一致，符合科学发展要求。我国海关适应经济发展方式的转变，管理观念不断创新，运行机制更加优化，执法能力显著增强、队伍素质明显提升，处于国际先进水平。按照海关"十二五"发展规划要求，当前和今后一段时期海关工作的主要目标是"把关严密、服务到位、风险可控、队伍过硬"，主要是指海关贯彻国家战略意图更加主动，在经济建设、政治建设、文化建设、社会建设及生态文明建设中的关境保护方面全面发力，维护市场经济秩序、国家安全和社会稳定的能力进一步提高，服务国家经济结构战略性调整和贸易发展方式转变，推动加工贸易转型升级和国际产业、沿海产业转移取得重大进展。海关的通关环境进一步改善，贸易便利化程度明显提升，海关行政相对人的合法权益得到有效保护，海关的社会满意度明显提高，和谐口岸建设水平进一步提升，监管控制机制更加完善，执法责任机制有效落实，防范执法风险、管理风险和廉政风险的能力进一步增强，在执法上无明显漏洞，在管理上无重大疏漏，系统性、区域性风险得到有效控制。

（三）海关监管的概况

跨境电子商务目前发展得如火如荼，海关主动适应进出口新型业态的变化发展，积极探索适合中国国情的电子商务监管模式。各地海关在探索监管模式的过程中，逐步形成了"集中监管、清单核放、汇总申报、平台管理"的海关基本监管模式，即电子商务进出境货物进入跨境电子商务监管中心，由海关实施监管。电子商务企业或者个人向海关提交电子申报清单，办理商品通关手续，同时，电子商务企业或者个人、监管人、支付机构、物流企业通过电子商务通关服务平台向电子商务通关管理平台传递交易、支付、仓储与物流等数据，海关对相关数据与电子申报清单进行比对分析。

在进口方面，形成了两种海关监管模式：一是建立阳光跨境直购渠道，即国内消费者向商家下单后，商品以国际小包或者国际快递的形式进入境内，海关通过与跨境电子商务平台合作，提前掌握商品的相关信息，优化对快件和邮包的监管手段，做到监管快捷便利，税费应收尽收。二是充分发挥海关特殊监管区域的保税功能优势。电子商务企业将商品批量以保税状态进入海关特殊监管区域物品专用仓库，节省国际邮件运输成本。消费者在购物网站上下单购买商品，订单和支付信息被发送至电子商务通关服务平台，进一步完善运单信息后被提交海关审核，海关按进口物品征税放行后，商品以包裹状态被运出特殊监管区域，交到国内消费者手中。

在出口方面，为解决中小型企业不能结汇、退税的问题，海关将出口货物集中到监管园区，优化园区内海关、电子商务企业与物流企业之间的工作流程。企业的货物可以先用清单形式出关，再将某个时间段的出口总数向海关申报，在形成报关单后办理出口退税业务。

二、跨境电子商务海关监管存在的问题

（一）海关征收管理体系不匹配

1. 执法标准和依据不匹配

我国海关税收征管法规是建立在传统国际贸易基础上的，《中华人民共和国海关法》（以下简称《海关法》）第五十三条规定"准许进出口的货物、进出境物品，由海关依法征收关税"，但并未涵盖跨境电子商务这一新兴贸易形式的税收征管问题。对于跨境网购商品，海关现行做法是按邮递物品或快件监管，邮递物品或个人物品类快件征收行邮税，关税起征数额以下的货物类快件和法定免税的货样、广告品类快件免征关税，普通货物类快件或应征税的货样、广告品快件征收关税和增值税。两种征管方式并存，导致同一属性的商品赋税水平有差异，乃至大量的跨境网购物品以邮递物品或个人物品类快件或免税货样、广告品的名义涌向邮递或快件监管渠道，加大了税收征管难度。

2. 完税价格难以准确认定

关税完税价格是指经海关审查确定的计税价格。我国目前是将课税对象的价格作为标准课税。因此，准确地界定一个商品的进出口完税价格是至关重要的。对于一般商品而言，海关最常用的是成交价估价法。进口货物的成交价格为买方实付、应付的，并且按照有关规定调整后的价款总额。当然，如果进口货物不存在所谓的交易价格，或者成交价格不符合一些必备的条件，那么海关可以采用相同货物成交价格估价法、类似货物成交价格估价法、倒扣折价估价法、计算价格估价法和合理估价法来最终确定完税价格。

3. 征税对象、归类审价和交易地点难以确定

跨境电子商务涉及有形物品、无形商品和附带无形商品的有形商品。它改变了

交易对象的物质形态，利用新兴技术手段，将传统的有形产品（如书籍、报刊等）转变为数字化产品，把不能直接传输的商品（如教程、软件等）以光盘或者其他形式进行交易，这样会模糊无形资产、有形资产及特许权使用费的概念。对相关部门来说，很难鉴别此类收入属于哪种类别，应按哪种类别的货物征收税款。以虚拟环境为基础进行交易的跨境电子商务进行监管，在很大程度上区别于原有的利用凭证进行审计追踪稽核的传统监管手段，这给海关部门造成了巨大的挑战。

（二）海关现行监管方式面临的挑战

1. 法律法规滞后，执法依据不足

一是原则性政策文件多，细则性规章少，导致现场监管出现执法尺度不一、随意性大的特点，产生了较大的执法和廉政风险。例如，对于进境邮递品"自用合理数量"的划分，缺乏具体的界定，对于进境的邮递品是自用物品还是代购商品一般难以主观认定，这给海关的税款征收带来技术上的困难。海关往往是对超过规定限值或免税值的物品补征税款后采取放行措施。这往往使走私分子免于刑事处罚，降低了违法成本。二是政策缺乏操作性，具体实践存在困难。例如，完税标准不合理，完税价格表对不同品牌、种类的商品缺乏区分，使商品在完税价格认定上存在偏差，尤其体现在奢侈品与普通商品的价格上。

2. 个人物品监管属性界定难以确定

无论是税收征管、对外付汇、出口退税和海关监管，跨境电子商务的核心问题都是商品属性的判断和管理问题。从《海关法》看，海关的监管对象是货物和物品。从对货物和物品的区分上看，两者的实质区别是，货物进出境属于贸易性质，而物品进出境属于非贸易性质。正是由于上述区别，两者才在进出口监管要求和税则、税率适用上产生差异。对于跨境电子商务这一新兴贸易形态的管理，法律法规没有予以明确。从跨境电子商务进出口实践上看，问题主要表现在直接涉及消费者的进出口业务上。跨境电子商务的商品大量使用航空小包、邮递包裹、快递等方式进出境，既具有货物的特点，又具有物品的特点。正是由于其具有货物和物品的双重特点，单独套用任何一种管理方式对其进行管理都不合适，无法达到理想的管理效果。

3. 限值监管规定难以落实

跨境网购个人物品一般以邮政快递或国际快件方式进出境，海关以邮递物品或

个人物品类快件进行监管。根据海关总署 2010 年第 43 号公告，个人寄自或寄往港澳台地区的物品每次限值为 800 元人民币，寄自或寄往其他国家和地区的物品每次限值是 1 000 元人民币。但是，超出限值的邮递物品或个人物品类快件的限值监管规定，难以真正落到实处。

三、优化跨境电子商务海关监管

（一）创新适应跨境电子商务的税收征管体系

1. 完善税收征管法规，改革税收征管方式

在世界贸易组织规则的指导下，秉持对电子商务与传统贸易公平对待的原则，坚持在法制的框架下，积极修订《海关法》，增补跨境电子商务关税征管条例方面的空白，尤其是对网络产品、无形数字产品的征管予以明确。推进修订《中华人民共和国进出口关税条例》，对跨境电子商务的关税征收原则、完税价格的审定、原产地的认定、适用税种和税率的认定及产品属性认定等一系列问题予以明确，保证海关税收征管的法律法规在跨境电子商务的交易行为中发挥应有的法律效应，实现依法治税，保证国家税收应收尽收。跨境电子商务虽然与传统的交易方式不同，但交易行为的本质是一致的。作为一种新型的交易业态，跨境电子商务需要严格遵守关税征管条例。针对跨境电子商务的发展，现行的征管方式需要与时俱进，要严格区分跨境网购物品与普通行邮物品，区别两种性质物品的关税征管方式，坚决封堵电子商务及物流企业规避纳税义务的通道，防控风险，严厉打击走私行为，保证跨境电子商务税收征管与现行税制的统一。

2. 建立信息化系统，加强对境外资金流的监管

在传统模式下，海关要实现对进出境货物的有效监管，需要实现对信息流、单证流、物流等各个环节的全方位的实时控制。随着现代物流业的快速发展，跨境电子商务通过网络交易，单证流在交易环节中消失，由此导致海关监管缺少了一个重要的证据记录。相对于传统监管的要素要求，该环节的缺失对货物的实际监管和关税的征管带来了重大的影响。在跨境电子商务的实际交易过程中，由于跨境交易全过程实现了网络化，因而信息流贯穿交易的整个环节。虽然单证流的环节缺失了，

但其功能依然存在，而且资金流、物流也实现了信息化。在现代信息技术的支持下，跨境电子商务全程网络化使单证流缺失带来的损失得到了很好的弥补。

在强化信息流的保障下，实现电子商务平台、海关通关征管平台、对外支付机构"三网联动"，是跨境电子商务税收征管问题的重要解决途径。在跨境电子商务交易环节中，海关通关征管平台与电子商务平台、银行的支付平台联网，实时掌握企业对外贸易结汇情况。同时，在海关登记注册的电子商务企业的 ERP 系统、企业管理系统也实现与海关通关征管平台联网，以便海关实现对企业贸易信息的全面实时掌握。在此基础上，建议海关总署联合银行系统，积极研发海关与银行之间的征税系统，通过银行对企业的对外付汇环节设置电子关卡，对资金流实时进行监控，以便对跨境电子商务进行有效的税收征管。因此，无论是何种电子商务形式，结汇环节都要通过银行完成对外支付。

3. 统一税赋水平，平衡税赋差异

在现实中，关、检、汇、税四部分监管标准存在差异。在总结上海、广州、杭州、宁波、重庆、深圳等 7 个城市跨境电子商务服务试点工作经验的基础上，为了保障跨境电子商务的健康发展，应该明确监管服务的政策标准，以及跨境电子商务涉及的征税机制、应税范围、征管标准、结汇付汇等相关问题。国家有关部委应该联合研究并制定"跨境电子商务监管服务指导意见"，统一跨境电子商务涉税企业的税赋水平，消除各地、各行业的税赋差异，实现同属性商品税赋的公平与合理。

（二）完善适应跨境电子商务的综合监管工作机制

1. 调整跨境电子商务监管政策规定

跨境电子商务涉及多个监管部门，为协调各方利益，需建立多层级的制度，应该在"规范引导、科学发展、服务促进"原则的指导下进行顶层设计。一是国务院行政法规。跨境电子商务监管服务及检验检疫、监管通关、税收征管、结汇付汇等行业标准和操作规范存在差异，急需与之配套的监管制度和机制。这就要求根据政策规定，构建各部门相互协调的综合监管机制，明确政策要求，积极推进各部门相互协作的监管一体化进程。二是部门规章和操作规程。各部门根据行政法规制定本单位的规章，以构建专业化的监管制度。各部门应该适时调整与跨境电子商务发展不适宜的监管政策，对跨境网购个人物品及货样、广告品等跨境电子商务行为的贸易属性和监管要求予以明确，规范跨境电子商务的操作规程，坚决消除跨境网购监

管的灰色地带。

2. 创新跨境电子商务监管模式

在条件成熟时，可在海关总署、直属海关增设"电子商务监管处"，承担电子商务监管职能与现场监督管理职责，建立以跨境电子商务信息流、资金流、货物流为主线，以跨境电子商务物流配送企业为单元的监管工作机制，研究制定跨境电子商务监管制度，建立部门联动机制，加强事前分析、事中监管和事后监控，实现对跨境电子商务的全方位监管。

（三）构建适应跨境电子商务的风险防控与效应分析体系

1. 建立海关统一的跨境电子网上服务平台

依托中国电子口岸，建立跨境电子商务综合服务平台，将跨境电子商务网购、电子支付与电子商务物流等相关信息集中在一个统一的平台上，为跨境电子商务在线通关、结汇、退税申报等提供支持。综合服务平台与通关管理系统对接，适时提供跨境网购消费者、消费物品订单、消费付款及物流等信息，为跨境电子商务监管提供支持。

图 8-1 所示为广州海关快速验收模式。

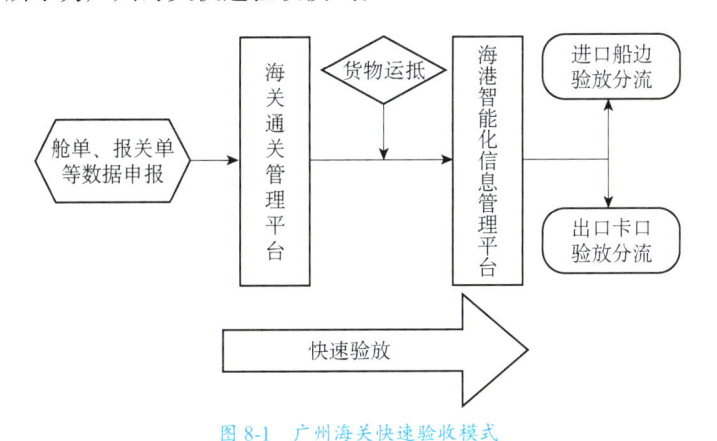

图 8-1 广州海关快速验收模式

2. 研发跨境电子商务通关监管系统

借鉴快件通关系统现有的技术架构，结合跨境网购的特点，开发跨境电子商务通关管理系统，重点扩充通关管理系统报关数据容量，扩展跨境电子商务网购商品申报栏目、报关单电子数据汇总统计和通关风险预警处置等功能模块，增设跨境网购消费者身份信息查询、网购商品及订单信息查询和网购商品价格及货款支付等信息查询管理模块，确保通关的高效和便捷。

3. 完善跨境电子商务监管服务体系

对跨境电子商务企业进行备案管理，实行跨境电子商务及物流企业年审制度；建立跨境电子商务通关管理规则，明确对电子商务申报的要求，规范电子商务、物流企业的申报行为，引导企业诚信守法经营；建立电子商务出口营销监管中心，完善跨境电子商务通关服务；制定跨境电子商务通关作业标准，规范通关、审单、估价、征税、查验操作；通过以上措施，提升跨境电子商务的监管服务效能。

第二节 跨境电子商务检验检疫法律制度

一、跨境电子商务检验检疫概述

跨境电子商务特指直接面对个人消费者销售的跨境电子商务贸易。企业对企业的跨境电子商务贸易仍按照一般贸易模式监管。跨境电子商务经营主体包括跨境电子商务经营企业（电子商务企业）、跨境电子商务平台企业（电子商务平台企业）和跨境电子商务商品物流仓储企业（物流仓储企业）。

通过国际快件或邮件方式出入境的跨境电子商务商品，按照快件和邮寄物相关检验检疫监管办法管理。出入境时已经完成销售，且已经按照消费者订单形成独立小包的出入境电子商务商品，参照对快件的规定实施检验检疫监管。

本着"事前备案管理、事中风险监测、快速审核放行、全程质量追溯"的原则，对跨境电子商务实施备案管理、商品清单分类管理、电子商务商品全申报、口岸监督管理和快速核查放行的检验检疫监督管理制度，严格进行检疫和按照风险级别进行质量安全风险监测，并进行后续质量追溯，同时通过对电子商务经营主体和跨境电子商务监管场所的管理，控制质量安全风险。

二、清单分类管理

按照不同质量安全风险等级，对入境电子商务商品进行清单分类管理，建立负面清单、高风险商品清单，不在此两类清单中的商品为一般风险商品。

被列入负面清单的商品不得以跨境电子商务的方式入境。负面清单按照国家质检总局规定及有关法律法规的规定实施。被列入高风险商品清单的商品，对其进行质量安全风险重点监测。高风险商品清单根据国家有关法律法规、国内外疫情及商品质量安全监测状况等信息制订、发布并动态调整。

三、备案管理

对跨境电子商务经营主体及跨境电子商务商品进行备案管理。在受理跨境电子商务经营主体备案时应收集并核对以下资料。

（1）出入境检验检疫局跨境电子商务企业备案表。

（2）企业法人营业执照复印件或具有同等效力的证明文件、组织机构代码证复印件或具有同等效力的证明文件。

（3）质量诚信经营承诺书。

（4）电子商务企业和有自营业务的电子商务平台企业应提供拟在交易过程中提示消费者确认的个人自用承诺声明样本。

电子商务企业在商品首次上架销售前，应当向检验检疫机构提供商品备案信息。同一企业已备案的商品再次出入境时无须备案。具备条件的，商品备案可实施无纸化作业。

一般风险商品备案时，电子商务企业应提交商品名称、品牌、HS编码、规格型号、原产国别、供应商名称、跨境电子商务经营主体名称等信息。高风险商品备案时，除上述信息外，电子商务企业还应提供以下信息：商品适用质量安全标准、有效的质量安全评估文件（如第三方检测报告、认证、注册、登记、备案证书或证明等）。简化出境跨境电子商务商品备案要求，备案时只需提交商品名称、HS编码、原产国别、跨境电子商务经营主体名称等信息。对于被列入负面清单的商品，不予备案。

四、申报放行、检疫与质量安全风险监测

对电子商务商品实施全申报管理，全申报由已办理报检企业备案手续的跨境电子商务经营主体或其代理企业在商品出入境前向相应的检验机构申报。全申报数据可以以清单形式提交。

出境电子商务商品全申报信息包括商品信息、企业信息、订单信息、电子商务平台信息等。入境电子商务商品全申报信息包括商品信息、企业信息、电子商务平台信息、订单信息、支付信息、物流信息、追溯信息（如条形码或二维码）、消费者个人信息及自用承诺等。

入境电子商务商品整批入境、集中存放、按订单分批销售的，在入境前申报商品信息、企业信息；在出仓申报时提交订单信息、支付信息、物流信息、消费者个人信息及自用承诺信息，对其进行核销管理。

跨境电子商务商品的放行以核查放行为主。对申报信息进行核查，符合要求的，予以放行。一般情况下，申报实施全面无纸化作业。申报人通过地方政府公共服务平台或智检口岸公共服务平台提交电子申报数据，无须提交纸质资料。

对跨境电子商务商品严格实施检疫和风险监测。对出境商品以检疫监管为主，辅以打击假冒伪劣商品为目的的低比例质量安全风险监测。对入境商品按法律法规要求实施检疫，同时根据我国法律法规和标准开展基于风险评估的质量安全风险监测。质量安全风险监测的主要对象是高风险电子商务商品和涉及人身安全、健康、环保的重点项目。风险监测手段主要包括在交易平台展示、集中储存、通关现场等环节进行查验，辅以低比例的抽样检测。风险监测可逐步采信有资质的第三方检测报告。风险监测方式和频次应根据企业信用、商品风险等级等情况进行调整。

中国海关总署检验检疫部门要突出电子商务经营企业保障入境商品符合我国法律法规和标准要求的质量安全主体责任，对违反生物安全和其他相关规定的行为要依法查处。检验检疫部门在质量安全风险监测中，发现跨境电子商务商品涉及人身安全、健康、环保的重点项目不符合要求的，及时将有关信息通报跨境电子商务经营主体，视情况监督其对商品实施停止销售、召回、退运或销毁等措施。

五、监督管理

中国海关总署检验检疫部门应监督电子商务平台和电子商务企业建立质量安全管理制度,并对其实施情况进行监督管理。

电子商务企业的质量安全管理制度,主要包括质量安全管理制度、流向溯源管理制度、召回和主动报告制度、消费者权益保护制度、质量问题投诉的处理制度等。

电子商务平台的质量安全管理制度,主要包括对入驻商家及其上架商品的审核制度、商品质量安全评估和监测制度、消费者权益保护制度、质量问题投诉的处理制度等。

跨境电子商务平台和电子商务企业质量安全管理制度完善,运行有效的,检验检疫机构可适当降低风险监测频次。

中国海关总署检验检疫部门应监督跨境电子商务企业在电子商务网站上真实全面地展示商品信息,并对其真实性和准确性进行抽查。商品信息主要包括名称、规格、品牌、功能、用途、价格、生产国家、生产企业、使用方法与注意事项等。

食品还应包括配料表、营养成分表、生产日期或保质期说明,以及相应产品标准中强制要求必须标示的适用人群、警示说明和使用方法等信息;化妆品应包括成分表、保质期说明、警示说明等信息。

中国海关总署检验检疫部门应监督跨境电子商务企业在交易过程中就消费者个人自用承诺声明向消费者进行提示并要求其确认。检验检疫机构应监督跨境电子商务经营主体建立质量安全追溯体系,能够通过条形码、二维码或其他追溯方式对商品信息、通关信息、销售流向等信息进行追溯,并对追溯情况进行抽查。

中国海关总署检验检疫部门应监督跨境电子商务经营主体每年提交一次跨境电子商务商品质量情况报告,涉及质量投诉、召回、退运、销毁的,质量情况报告应包括其后续处理措施实施情况和结果。

检验检疫机构对跨境电子商务经营主体实施信用管理,根据不同的信用等级实施差别化监管措施,信用记分标准和差别化管理参照《出入境检验检疫企业信用管理办法》执行。检验检疫机构应对跨境电子商务经营主体的备案、申报、质量安全责任落实、投诉处理等过程中出现的失信行为进行记录,按年度对跨境电子商务经营主体的质量安全管理情况及信用差错记分情况进行综合评定。

拓展阅读

详解跨境电子商务常见出口海关监管代码

作为跨境电子商务人，难免经常遇到各种跨境电子商务海关监管代码。对于代码的意思，你真的了解吗？今天，我们就来讲一讲跨境电子商务海关监管代码的那些事。

海关监管代码是一种海关对于跨境电子商务业务在进出口方面的监管方式。为了满足管理的需求，海关在海关报关单中设置海关监管方式代码字段，对各种商品加以区分。

1. B2B 模式

B2B 模式，是指境内企业通过跨境物流将货物运送至境外企业或海外仓，并通过跨境电子商务平台完成交易的贸易形式，企业根据海关要求传输相关电子数据。

"9710"全称"跨境电子商务企业对企业直接出口"，是指境内企业通过跨境电子商务平台与境外企业达成交易后，通过跨境物流将货物直接出口至境外企业。"9710"模式采用的是报关单和清单两种报关模式，具体可以参照0110出口，跟0110监管方式差距不是很大。

企业需要先到海关备案，通过备案后，就可以按9710程序出口商品，而且海关优先安排查验，在清单报关模式下可按照6位HS编码简化申报手续。

"9810"全称"跨境电子商务出口海外仓"，是指境内企业先将货物通过跨境物流出口至海外仓，通过跨境电子商务平台实现交易后从海外仓将货物送达境外消费者。该监管方式适用于跨境电子商务出口海外仓的货物，亚马逊FBA、第三方海外仓或自建海外仓都包含在内。

在选择"9810"申报前，需上传海外仓委托服务合同等海外仓订仓单的电子信息，并填写海外仓地址、委托服务期限等关键信息。出口货物入仓后需上传入仓电子信息，并填写入仓商品名称、入仓时间等关键信息。代理报关企业应填报货物对应的委托企业工商信息。

企业申报的"三单信息"应为同一批货物信息（单证一：申报清单、物流单。单证二：交易订单、海外仓订仓单。单证三：物流单）。申报企业应对上传的电子信息、填报信息的真实性负责。

"1039"全称"市场采购贸易",是指由符合条件的经营者在经国家商务主管部门认定的市场集聚区内采购的、单票报关单商品货值15万(含15万)美元以下,并在采购地办理出口商品通关手续的贸易方式。以市场采购贸易模式出口的货物,增值税免征不退。出口货物可按"章"归类申报和认定查验,通关更加便利。该模式通过联网信息平台办理和监管,风险可控,责任可究,解决了无进项增值税发票货物合法合规的出口问题。

"0110"全称"一般贸易出口",是指境内外企业通过传统贸易方式达成交易的方式,也就是一般贸易出口,企业需要随附委托书、合同、发票、提单、装箱单等单证。

(1)报关全程信息化。

企业通过"单一窗口"或"互联网+海关"联网上传交易订单、海外仓订仓单等电子资料,而且全部是标准报文格式自动导入,报关单和申报清单在网上完成,简化企业申报手续。

(2)便捷申报通道。

单票金额人民币5 000元(含)以内且不涉证、不涉检、不涉税的货物,可以通过跨境电子商务出口统一版系统,以申报清单的方式通关,申报要素比报关单减少57项,清单不需要汇总报关单。对于中小微出口企业来说,申报更为便捷,进一步降低通关成本。

(3)简化申报商品编码。

跨境电子商务出口统一版系统不再汇总报关单后申报。其中,不涉及出口退税的,可申请按照6位HS编码简化申报。

(4)物流和查验便利。

跨境电子商务B2B出口货物可按照"跨境电子商务"类型办理转关手续。通过H2018通关管理系统通关,同样适用全国通关一体化。企业可根据自身实际情况选择时效更强、组合更优的方式运送货物,同时享受优先安排查验的便利。

2. B2C模式

B2C模式是电子商务按照交易对象分类的一种,即商家和消费者之间的电子商务交易,以销售个人消费品为主,主要采用航空小包、邮寄、快递等物流形式。

进出口货物在不同的贸易方式下的海关监管、征税、统计作业不同,为了满足海关管理的需求,海关报关单中设置海关监管方式代码字段加以区分。

针对跨境电子商务B2C模式，海关总署制定了代码9610和1210的海关监管方式。

"9610"全称"跨境贸易电子商务"，俗称"集货模式"，即企业对个人出口。

该模式能够化整为零，灵活满足境外消费者的需求，具有链路短、成本低、限制少的特点。该监管方式适用于境内个人或电子商务企业通过电子商务平台实现交易，并采用"清单核放、汇总申报"模式办理通关手续的电子商务零售进出口商品。"9610"出口就是境内企业将货物直邮到境外消费者手中。

"1210"全称"保税跨境贸易电子商务"，简称"保税电子商务"。该监管方式适用于境内个人或电子商务企业在经海关认可的电子商务平台实现跨境交易，并通过海关特殊监管区域或保税监管场所进出的电子商务零售进出境商品。

"1210"相当于境内企业把生产出的货物存放在海关特殊监管区域或保税监管场的仓库中，即可申请出口退税，之后按照订单由仓库将货物发给境外消费者。

资料来源：雨果跨境（2021-11-12）

思考与练习

1. 简述跨境电子商务海关监管的基本内涵。
2. 试分析目前跨境电子商务海关监管存在的问题。
3. 试述跨境电子商务检验检疫制度中的备案管理制度。
4. 如何对跨境电子商务的检验检疫工作进行监督管理？

第九章

跨境电子商务风险防范与争议解决法律制度

本章概要

对于跨境电子商务而言，公平有效的争议解决机制至关重要。传统的国际商事争议解决方式无法满足跨境电子商务消费者争议解决的需要，网上争议解决方式目前被认为是最有效、最低成本的解决方法。为进一步完善争议解决方式，必须结合消费者跨境电子交易的特点，解决裁判结果的可执行性、国际合作等一系列法律问题。

学习目标

1. 掌握跨境电子商务的风险类型。
2. 明确跨境电子商务的风险防范机制。
3. 掌握跨境电子商务纠纷的传统和现代的解决方法。

重点和难点

▶重点：如何对跨境电子商务风险进行有效防范？
▶难点：如何利用平台和互联网环境解决跨境电子商务纠纷？

案例导入

速卖通家居类目的一款产品，名称为浴室毛巾架，单价为 10.99 美元。消费者购买该产品，共支付 10.99 美元。由于运输问题，消费者迟迟未收到货物，因此提起纠纷，要求全额退款。经过协商，商家同意给消费者退款 10.99 美元，该纠纷得到妥善解决。大家可以通过图 9-1 和图 9-2 了解该纠纷的详情和解决过程。

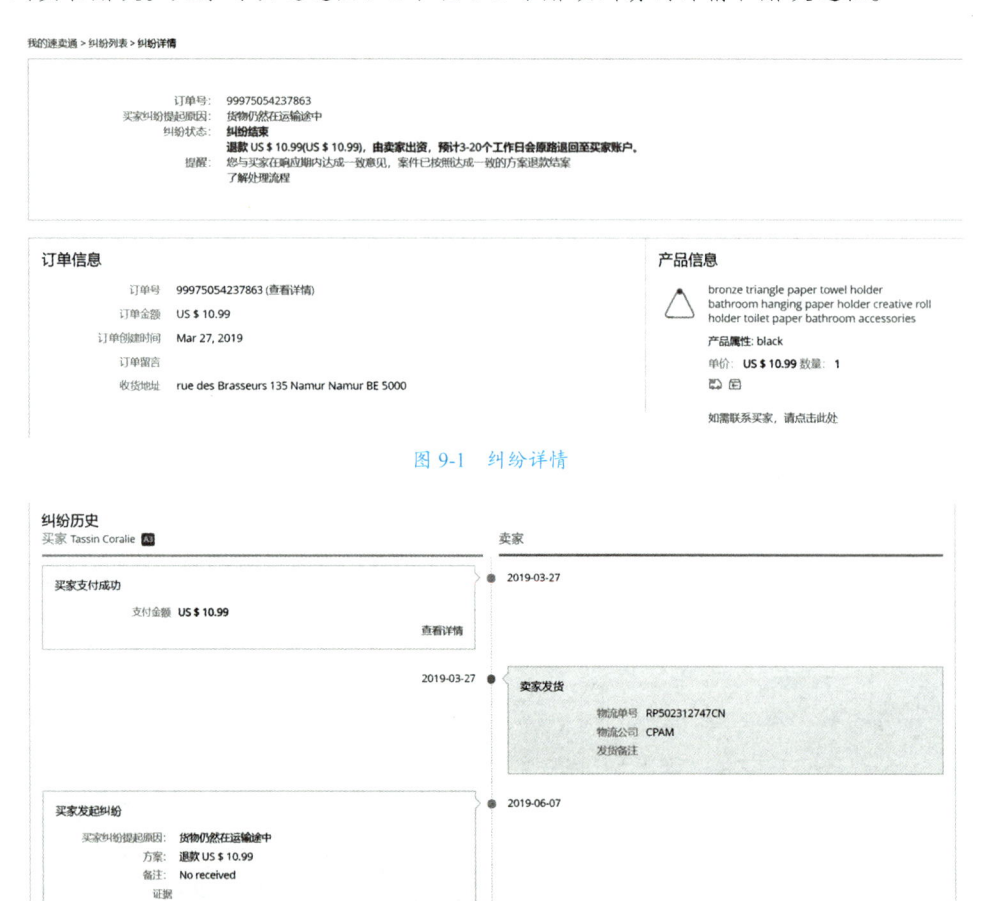

图 9-1　纠纷详情

图 9-2　纠纷解决过程

知识拓展

以敦煌网为例，跨境电子商务纠纷比较成功的解决程序，通常如下所述。

（1）积极回应消费者。从买卖双方沟通记录的时间来看，只要消费者提出问题，

第九章 跨境电子商务风险防范与争议解决法律制度

商家总是在第一时间回复。这样能让消费者感受到商家是在真心帮他解决问题。

（2）清楚了解问题所在，并请消费者提供相应的证据。

（3）提供有效的解决方案。

商家针对消费者提供的证据提供对应的证据，比如发货底单截图、官网妥投截图、和消费者沟通的截图等。如果实在无法协商，可以把这些证据提交给平台纠纷专员。根据问题的不同，平台提供如图9-3所示的解决方法。

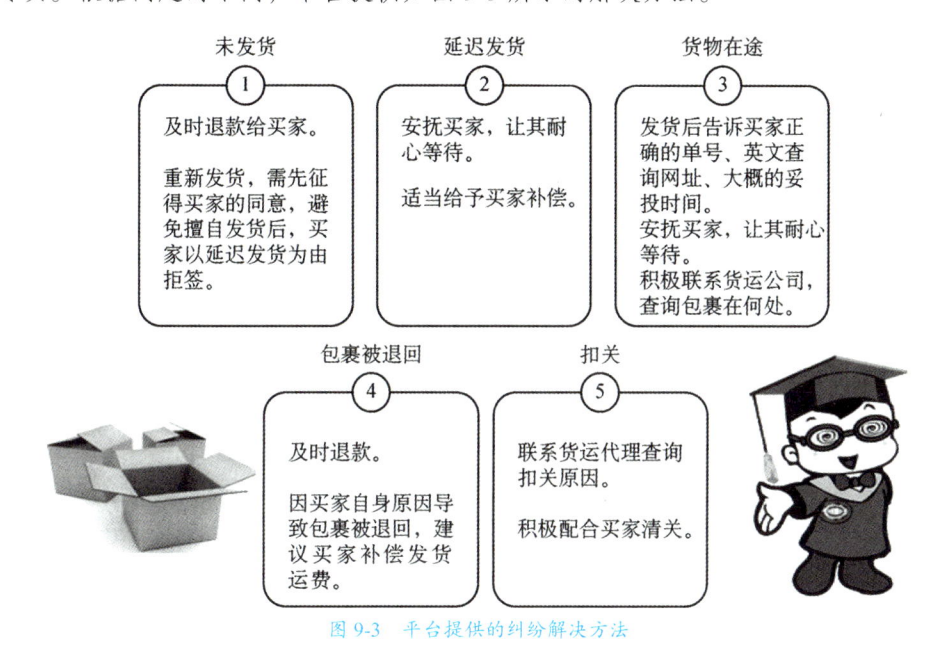

① 未发货
及时退款给买家。
重新发货，需先征得买家的同意，避免擅自发货后，买家以延迟发货为由拒签。

② 延迟发货
安抚买家，让其耐心等待。
适当给予买家补偿。

③ 货物在途
发货后告诉买家正确的单号、英文查询网址、大概的妥投时间。
安抚买家，让其耐心等待。
积极联系货运公司，查询包裹在何处。

④ 包裹被退回
及时退款。
因买家自身原因导致包裹被退回，建议买家补偿发货运费。

⑤ 扣关
联系货运代理查询扣关原因。
积极配合买家清关。

图9-3 平台提供的纠纷解决方法

售后服务问题就是在订单完成之后消费者发起的，针对商家未提供应有服务的投诉。售后服务问题一般包含未收到货物，质量问题，产品出现包装、尺寸、颜色、配件、型号、款式错误，功能缺失或包装破损等问题。遇到这样的情况，建议从挽留客户的角度考虑，尽可能帮助消费者解决相关问题。当消费者感觉商家没有真正为其解决问题的时候，一般会向平台反映。此时平台相关工作人员会与双方联系并取证，商家应积极地配合平台取证或者主动联系消费者解决问题，这样商家能最大限度地保护自己的利益。

当然，最好是避免纠纷。商家在订单执行过程中尽量按时发货，选择可以追踪到包裹状态的运输方式；在没有发货或者包裹未妥投的情况下不要急于清款；发货时尽量按专业要求包装货物，避免货物在运输途中损毁；在发货前仔细检查产品相关信息是否与消费者的购货信息一致，如果产品有特殊属性，应在下单过程中向消费者详细说明产品的实际信息；在产品信息中明确标注实际质保期，当产品在质保期内出现相关质量问题时，为消费者提供良好的售后服务。

如果消费者发起纠纷，商家该如何应对呢？商家在各阶段应对纠纷的方法如图9-4所示。

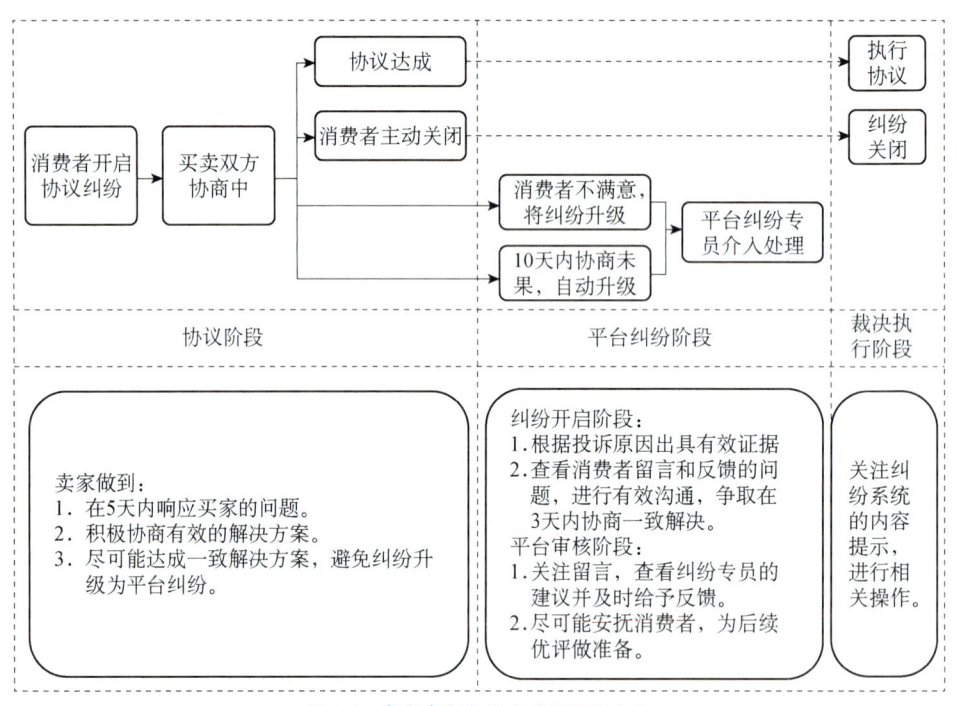

图 9-4　商家在各阶段应对纠纷的方法

第一节　跨境电子商务风险及防范对策

电子商务的规模日益扩大，已经成为众多实体企业的最大竞争对手，而跨境电子商务逐渐成为我国企业参与国际竞争的重要机遇。但是，跨境电子商务自身的安全问题及法律风险逐渐对消费者自我权益保护和国家政策监督提出了新的挑战。为了从根本上保证跨境电子商务活动的安全，必须加强对各项商务活动的法律监督，让用户更多地掌握自我保护的知识,从而提高风险防范意识,增强我国跨境电子商务企业对外经济发展的核心竞争力。

一、跨境电子商务常见的法律风险

跨境电子商务是一种分属不同关境的交易主体,通过电子商务平台实现交易,并且进行支付结算,然后通过跨境物流送达商品,完成交易的一种国际活动。跨境电子商务,涉及不同的法律领域。由于我国跨境电子商务的发展经验比较少,法律法规建设还不够完善,因此产生了一系列的风险。

(一)隐私风险

在进行交易的过程中,大多数的电子商务经营者一般会要求消费者在交易的过程中登记个人信息资料。但是,如果企业没有对消费者的信息保密,在一定程度上会引起消费者的不满。在跨境电子商务中,企业会将消费者的信息进行整理并建立消费者信息数据库,并且可能通过有价的形式向第三方出售,这违反了电子商务活动的相关法律制度。

(二)知识产权风险

随着电子商务的发展,通过互联网销售书籍和报刊已经是普遍现象,在一定程度上隐藏着侵犯著作权的法律风险。传统的著作权是以实物为载体,而跨境电子商务出现电子文档的销售方式。在进行电子交易的过程中,企业无法保证购买者不随意传播电子文档。这极易对原著者的著作权造成侵犯,从而引发著作权法律问题。

(三)商务交易风险

作为互联网发展的产物,在电子商务的过程中,需进行电子支付,这在一定程度上面临着巨大的诈骗风险。跨境电子商务中的交易风险主要是国际性的非法交易活动,参与跨境电子商务的企业,并没有按照合法的方式进行交易。

根据已有资料显示,大量的境内在线消费者受到虚假信息的侵害,被骗取的金额相当高。跨境电子商务在国际上并没有建立统一的信用评价标准,在一定程度上给许多的不法企业及个人提供了洗钱的可能性。银行和第三方支付机构存在较大的安全漏洞,导致跨境电子商务存在一定的法律风险。

(四)货物税收风险

跨境电子商务存在物品个体小、总量大和种类比较分散的特点,企业为了逃避税收,可能进行多次邮递。小型电子商务可能通过混淆自用物品和代购物品的方式来逃避税收。这些都给国家造成较大的经济损失。

二、跨境电子商务法律风险防范对策

(一)构建中国境外电子商务法律制度,细化防范对象

针对我国境外存在的电子商务风险问题进行分析和总结,构建中国特色的法律制度,满足当前经济发展的要求,同时适应世界经济发展的新格局。在跨境电子商务发展的过程中,法律政策具有滞后性,而且结构体系较为松散,在一定程度上制约了跨境电子商务的发展。

电子商务的发展具有一定的时代性和全球性的特色,中国电子商务产业的发展对世界电子商务产业的拉动具有至关重要的作用。2019年,商务部发布《电子商务模式规范》,其中的基础理论部分针对国际电子商务中存在的基本问题及电子商务操作流程中的相应规范进行了阐述,为我国跨境电子商务法律法规的建立提供了坚实的理论基础。

(二)适时更新法律法规,统一规范邮递渠道和流程

电子商务的发展是多变的,市场竞争比较激烈,为了尽可能地使法律法规适应跨境电子商务的发展,必须适时更新法律法规,使其具有实用性和监督性。针对跨境邮递问题,需要根据包裹的大小来制定精细化的完税价格表。同时,需要对跨境电子商务主营的服饰、母婴和化妆品制定明确的自用合理数量范围,对各品牌区别定价,从而使各项价格标准具备一定的合理性和科学性。

针对邮递问题,制定相关的法律法规,规范邮递渠道和流程,降低一线工作人员的自由裁量权,从源头上遏制恶意虚报和瞒报的逃税行为,使我国跨境电子商务

各项流程更加合理化和标准化，促进对外经济的增长。

（三）强化税收监管力度，建立电子商务企业信用评价系统

为了提高跨境电子商务企业的风险防范意识，对经营跨境电子商务的企业在行邮通关渠道上建立信用分类评价制度，设立相应的评价标准。海关单一的监管模式已经不能满足跨境电子商务企业未来发展的需要，必须针对实际情况建立综合监管模式。将跨境电子商务企业纳入信息通关管理系统，可以有效地避免法律风险，并提高跨境电子商务监管的工作效率。

第二节　跨境电子商务的争议解决法律制度

一、跨境电子商务争议的特性

跨境电子商务环境下消费者争议的类型比较单一，一般以合同争议为主，主要包括以下几种类型：卖方不交货、卖方延迟交货、卖方交付的产品存在质量问题、卖方所述产品信息虚假。由于跨境电子商务的特殊性，消费者争议存在如下特点。

（一）争议数额较小

据统计，典型的跨境电子商务是在网上购买书籍、衣服等，平均每笔交易额为100～150美元。

（二）争议数量巨大

随着跨境电子交易数量急剧上升，与此相关的争议大量涌现。

（三）争议主体具有跨国性

消费者可以借助互联网在全球任意选择商家，买卖双方往往相距很远，缺乏足

够的了解。

（四）对消费者的保护

消费者作为争议主体，这一特殊身份要求争议解决机制对其有特殊的保护。因此，一旦产生争议，商家往往处于不利地位。

二、传统争议解决方式面临的困境

（一）诉讼方式

消费者跨境电子商务在本质上属于跨国商事纠纷，跨国诉讼是传统的解决跨境商事纠纷的主要方式，消费者可根据国际私法规则选择某国法院启动诉讼。法院按照涉外民事诉讼程序做出判决。如果消费者胜诉，可以通过经营者自愿执行判决或者申请某国法院执行判决的方式来维护自身的合法权益。然而，鉴于消费者跨境电子商务的相关特点，跨国诉讼机制并不适合这类争议的解决。首先，判决在域外执行非常困难，即使消费者在本国法院胜诉，判决也往往需要到卖方所在国或卖方财产所在国跨境执行。其次，跨境诉讼程序复杂且会产生高额的法律费用。消费者跨境交易的平均金额较小，以跨国诉讼解决争议的成本远远超过争议金额本身。最后，诉讼管辖权的确定非常困难。一笔跨境交易往往涉及多国，例如，买卖双方所在地、网络服务器所在地都位于不同的国家，导致管辖权很难确定。

（二）非诉讼方式

除跨国诉讼外，国际商事调解、仲裁及其他非诉讼方式也被应用于跨境电子商务争议的解决。这些方式在某种程度上可以弥补诉讼存在的缺陷，但仍非解决跨境电子商务纠纷的理想方式。

第一，国际商事仲裁作为解决国际商事争议的方式，与跨境诉讼相比，在自治性、民间性、专业性、保密性、一审终局性上都具有独特的优势。根据联合国《承认及执行外国仲裁裁决公约》，国际商事仲裁裁决可以在100多个国家得到承认和执行。这在很大程度上弥补了跨国诉讼在执行上的缺陷。然而，即便如此，仲裁裁决的跨国执行依然涉及复杂的跨国司法程序，消费者需要为此付出高额的法律成本。而且，用国际商事仲裁解决国际争议成本比较高昂，因此，对跨境电子商务的当事人而言，其与跨境诉讼类似。跨国商事仲裁更似一种理论上的可能性，而非切实可行的选择。第二，调解作为一种无约束力的争议解决方式，与诉讼和仲裁相比，具有气氛友好、程序便捷、成本低廉、结果可控的特点。但是，跨境交易的当事方分处不同国家的事实，使传统调解需要的面谈较难实施。而且，调解完全取决于当事人的意愿，如一方不配合，调解协议很难达成。即使达成调解协议，协议本身也不具备强制执行力。第三，各国的消费者协会、商事协会、公共行政管理机关一般可以受理消费者对经营者的投诉。这些机构的管理权限一般仅局限于本国，因此在解决跨境电子商务争议时有很大的局限性。第四，有一些电子商务企业内部设有投诉机构，受理消费者的投诉，但争议能否解决，取决于企业的自律性。

三、跨境电子商务争议解决的理想模式

（一）跨境电子商务在线解决优势

随着跨境电子商务的发展，争议随之产生，单笔交易金额低的跨境电子商务交易数量众多，现有的国际商事争议解决机制无法满足其快捷、高效、低成本解决争议的需求，在线争议解决方式应运而生。在线争议解决方式是非诉讼争议解决方式和网络通信技术相结合的产物，使争议解决程序主要在互联网上进行，包括在线协商、调解和仲裁等。

在线争议解决方式与电子商务采用同样的媒介——互联网，其可以满足快捷、经济地解决电子商务争议的要求。在线争议解决机制可以替代复杂和成本高昂的司法程序，具有很大的优越性。

1. 节约时间成本，降低争议解决的费用

在线解决跨境电子商务纠纷，可以及时处理争议，使交易双方避免将争议诉诸行政机构或法院，而产生时间上的延误和费用上的增加。

2. 节约行政和司法资源

跨境电子商务中存在大量的小额交易纠纷，如果每个纠纷都诉诸公权力解决，那么行政机构和司法机关将承担很大的工作量，不堪重负。

3. 交易双方保留寻求法律救济的权利

法律是保障公民权利的最后一道屏障，在使用法律手段之前一定要穷尽其他手段。在跨境电子商务纠纷中，先利用在线方式解决纠纷，如对在线解决的结果不满，可以诉诸法院。

（二）跨境电子商务在线争议解决网站的规制

在跨境电子商务在线争议解决机制中，在线争议解决网站处于重要地位，决定争议双方能否获得公平、快捷的争议解决服务，这也是跨境电子商务在线争议解决方式能否最终为各方认可、成为持续运转的成功机制的关键。因此，对其资质要求必不可少。

1. 充分披露信息

（1）准确披露自身信息，包括联络信息（电话、电子邮箱、地址）及机构信息（设立地或登记地）。这样可以方便寻求争议解决服务方识别提供服务的机构，在需要时能够及时有效地和该机构联系，在该机构有任何违法行为时，相关法律执行机构也能查到该机构并给予惩处。

（2）披露争议解决服务信息。在线争议解决网站应该披露在线争议解决的条件或限制，提供关于争议解决的基本常识；说明和解释所提供争议解决方式的类型和具体程序，披露相关程序规则；解释各种争议解决方式的不同，包括中立第三方的作用，如在线调解、在线仲裁中第三方的角色定位；公布每种争议解决方式的解决期限、费用、解决结果的性质，如对当事人是否具有约束力及约束力的大小；为每种在线争议解决方式配上简明的流程图，以方便寻求服务方。

（3）设置评价反馈和定期报告机制。在线争议解决网站应该定期公布报告，包括受理在线争议数量、正在解决的争议案件数量、已解决的争议案件数量；争议通过何种在线方式解决的，是在线调解还是在线仲裁；争议解决的结果，是否被双方认可并履行；商家和消费者各自胜诉的案件数量、案件处理的平均时间、争议方承担的平均费用等。

2. 坚持中立，保证争议公正解决

确保争议公正解决，主要依靠对中立第三方的约束、争议解决程序的设计和争议解决网站的自律与他律。

（1）中立第三方应具备一定的资质。中立第三方应具备一定的协商谈判能力，能引导当事人在线协商互动；能够知悉一定的在线争议解决程序，如不公开报价系统；掌握一定的背景知识，如解决争议需要的技术背景、全球化背景和法律背景。中立第三方能通过互联网和其他资源收集和处理信息；能对程序进行管理；能对当事人的互动进行引导。中立第三方应该公正无私，保证在线交流过程最大限度地透明化；保证机密性，为确保自动化程序的安全性，必须采取风险管理策略。

（2）在线争议解决程序应符合正当程序的标准。在线争议解决程序应该平等对待争议双方，使各方均有陈述其主张的合理机会，不会因争议解决程序而处于信息或技术劣势。在线争议解决网站应采用技术手段，帮助争议双方掌握启动和参与在线争议解决程序的技能，避免争议一方因技术劣势在争议解决程序中处于不利地位。在线争议解决网站应通过对程序的控制，保证其公正性。

（3）在线争议解决网站应具备一定的资质。在线争议解决网站本身应具备承担法律责任的能力，聘请合格的中立第三方作为执业人员，设立中立、公正、高效的程序规则，制定合理的收费制度。此外，在线争议解决网站还应制定自我约束的行为标准，或参加信誉标记组织，遵循其制定的行为准则，接受其监督。

3. 保证信息保密和数据安全

（1）在线争议解决网站应制定保密规则，在组织架构、程序设计上采取措施并运用技术手段对争议双方提供的信息保密，限定接触信息人员的范围，以及对信息的使用方式。在编制相关统计数据报告时，删除相关个人信息。此外，在线争议解决网站还应为争议双方就信息保密问题提供投诉途径。

（2）在线争议解决网站应通过制定数据安全保护规则，参加信誉标记组织或认证项目，保护争议双方提供的数据。采取安全防御措施，避免其持有的争议双方提供的信息数据被非法访问、破坏、使用或篡改。在线争议解决网站可以设置数据管理体系，将数据安全保护纳入体系，进行内部监控和动态管理，定期评估和调整数据安全保护措施，并制定突发事件应对方案，以便采取相应行动保护个人数据安全。

(三)跨境电子商务在线争议解决结果的督促与执行

1. 对争议解决结果的督促

跨境电子商务在线争议解决想要取得最终成功,快捷、低成本的跨境执行机制是其重要的保障。建立争议解决结果的执行机制,才是跨境电子商务在线争议解决的成功出路。在跨境电子商务在线争议解决结果中,和解协议、调解协议和非约束性决定等都不具有强制执行力,需要当事人自主履行。此时尤其需要督促手段来促使并保证争议方自主履行解决结果。

督促手段包括定期披露和评价反馈,即在网站上定期披露经营者自动履行争议解决结果的信息,包括争议案件的数量、争议解决的结果、经营者是否自主履行、未能自主履行处理结果的原因;将信誉标记纳入跨境电子商务在线争议解决机制,鼓励经营者遵守相关行为准则,自动履行争议解决结果;要求经营者向第三方交易平台交纳一定数额的保证金,在其未按时交货,或货物数量、品质不符合约定,给消费者造成损失的情况下,由第三方交易平台向消费者先行赔付,然后追究经营者的责任;如果争议方不自主履行争议解决结果,第三方交易平台采取警告、冻结或关闭其账户、公示等方式予以处罚。

这些督促方式不是互相排斥的,可以合并使用。

2. 对争议解决结果的履行

如果跨境电子商务在线争议解决的结果是仲裁裁决,在当事人不自主履行时,就应借助执行机制。执行机制需要独立于法院,否则不可能满足跨境电子商务在线争议解决机制快速、低成本执行争议解决结果的要求。此时需要使用网上执行机制。电子商务普遍采用通过第三方支付机构付款的方式,交易方一般都在第三方支付机构拥有账户。网上执行机制目前较为可行的方式是,与第三方支付机构合作,在争议方不自主履行争议解决结果时,依据救济的金额,直接从争议方在第三方支付机构的账户上划款,支付给申请执行方。网上执行机制实际上是替代执行的一种机制,而非强制执行机制。基于对个人财产的保护,强制执行必须由有权力的机关根据有效的执行依据,按照严格的程序进行。网上执行机制不具备前述条件,其合法性与正当性在于具有履行争议解决义务一方的同意。这种同意可以通过在第三方支付机构用户协议中加入相关条款获得。相关条款可以规定:如争议方不自主履行跨境电子商务网上争议解决机制做出的仲裁裁决,第三方支付机构将依据仲裁裁决，将相应的款项从争议方的账户划转到申请执行方的账户。

跨境争议当事人无须面对面接触，使争议解决成本大大降低。对先进技术的运用使信息传递更加快捷，解决争议的效率大大提高。

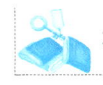

拓展阅读

避免跨境电子商务纠纷小技巧

1. 了解国际计量单位

国际上的计量单位有 piece、lot、dozen、set 等，每个单位都有不同的意思，千万不能搞混。有些商家在描写产品时写 12 dozen/lot，这样的写法就代表 1 个 lot 里有 12 个 dozen 的产品，那也就是 12×12=144 个产品。这样算来，商家可就亏大了。

2. 了解产品出口到不同国家需要的证书

比如，很多产品出口到欧洲一些国家，需要 CE 认证，如果没有 CE 认证，过海关就会非常困难，导致很多交易因为清关问题而未能顺利完成，以至于给双方带来损失。

3. 了解清关会遇到什么问题

清关不仅要做到上面说的，还要注意责任的划分，最好在成交前，跟客户谈好有关清关的问题。比如，包裹到对方国家海关，清关时需要哪些资料，清关是否顺利等，都需要提前考虑。

4. 明确客户什么时间需要产品

针对定制类的产品，在客户下定单时，一定要问清楚客户什么时候需要。比如，客户 5 月 1 日定做了一件婚纱，要在 5 月 30 日使用，时间上看上去差不多。对于大公司来讲，由于定单较多，可能 5 月 28 日或 29 日才能完成。此时寄出去，就算你使用国际商业快递，也很难在约定的时间前到达。这肯定会引起客户的不满，进而引发纠纷。

5. 如何摆脱成交不卖

成交不卖，就是消费者支付后，因商家的原因在发货截止日期内未发货，导致交易失败。有些商家觉得不可思议，这种没有交易成功的定单，最后都给消费者退款了。消费者没有损失，为什么还要处罚商家？这是因为商家的做法已经严重影响了消费者的购物体验。

成交不卖的原因有很多，如库存不足等。这种情况，有些跨境电子商务平台允许商家自主选择是否有备货。如果你选择有备货，就需要设置库存量，这样的备货期相对较短，建议根据实际情况设置库存。如果出现库存不足的情况，产品会自动下架，就会大大降低成交不卖的概率。

6. 如何降低支付网关纠纷及产生纠纷后如何应对

什么是支付网关？支付网关纠纷包括哪几类？

支付网关是金融系统和互联网之间的接口，是由金融机构操作的将在互联网上传输的数据转化为金融机构内部数据的一组服务器设备，或由第三方机构处理商家支付信息和消费者的支付指令。比如，国内使用比较广泛的支付宝、财付通、网上银行，国际使用比较广泛的 PayPal、WorldPay 等。

支付网关纠纷是指持卡人通过信用卡公司发起的纠纷。支付网关纠纷有两种类型——调查和信用卡拒付。

调查是指消费者付款完成后，为确保交易安全，银行对交易资金可疑的付款进行调查，或持卡人对交易有异议而要求银行介入。信用卡拒付，即撤销款项，指消费者要求信用卡发卡方撤销已结算的交易。消费者可以根据信用卡发卡方的规定与时限，向其提出撤销款项申请。一般情况是，持卡人在收到信用卡账单起 180 天内，均可发起。

消费者发起支付网关纠纷常见的原因：

（1）退款没有得到处理。

（2）没有收到订购商品或者在期望的时间内没有收到。

（3）商家没有提供消费者期待的服务，如服务或货物与描述不符。

（4）消费者没有购买，是欺诈交易。

支付网关纠纷是国际贸易中无法规避的一种潜在风险，尽管无法完全避免，但可以采取以下措施减少或者预防它的发生。

（1）尽可能详细、准确地描述所售商品，包括图片、尺寸及其他有关信息。

（2）在发生争议后，如果向消费者退款，就及时联系平台操作。

（3）避免延迟发货，一旦出现无库存的情况，积极与消费者沟通。

（4）在网站上公布退货、换货政策。

（5）提高对欺诈订单的识别能力。

跨境电子商务平台接到支付网关纠纷后，一般由专人跟进处理，商家需要在第一时间内按照邮件或者站内信息的提示，尽可能地提供证据。在调查发生时，积极主动地联系消费者，帮助其解决问题，说服其关闭纠纷，以便降低后续风险。

思考与练习

1. 跨境电子商务的争议有哪些类型？
2. 如何建立有效的跨境电子商务争议防范机制？
3. 简述传统的跨境电子商务纠纷的解决方式。
4. 各跨境电子商务平台如何处理交易纠纷？

参考文献

[1] 刘颖君. 跨境电子商务基础[M]. 北京：电子工业出版社，2020.

[2] 叶杨翔，施星君. 跨境电子商务 B2C 实务[M]. 北京：高等教育出版社，2019.

[3] 鲍泓. 电子商务法律法规[M]. 上海：华东师范大学出版社，2014.

[4] 丁晖. 跨境电商多平台运营[M]. 北京：电子工业出版社，2015.

[5] 郭鹏. 电子商务法[M]. 北京：北京大学出版社，2013.

[6] 速卖通大学. 跨境电子商务物流[M]. 北京：电子工业出版社，2016.

[7] 李振瑜. 跨境贸易电子商务税收征管法律问题研究[D]. 武汉：华中科技大学，2015.

[8] 中国互联网络信息中心. 中国互联网络发展状况统计报告[R]. 2013.

[9] 孙辉，陈良. 两起网上银行服务纠纷判例及其启示[J]. 银行家，2007（4）.

[10] 杨松，郭金良. 跨境电子支付服务风险监管法律问题研究[J]. 法治研究.2013（2）.

[11] 周忠海. 网络银行法律问题研究[M]. 北京：知识产权出版社. 2008.